DU

COLONAT PARTIAIRE

EN DROIT ROMAIN & EN DROIT FRANÇAIS

Thèse de Doctorat présentée à la Faculté de Droit d'Aix

PAR

HENRI GOURDEZ

AVOCAT

> Il n'y a qu'une société de parte
> ou de g'ain qui puisse réconcilier
> ceux qui sont destinés à travailler,
> avec ceux qui sont destinés à jouir.
>
> (MONTESQUIEU. — Esprit des
> lois, Liv. 13, Ch. 3

~~~~~

MARSEILLE

IMPRIMERIE DE JULES BARILE

Rue Sainte, 6

1869

DU
COLONAT PARTIAIRE
EN DROIT ROMAIN ET EN DROIT FRANÇAIS

———

THÈSE
POUR LE DOCTORAT

Présentée à la Faculté de Droit d'Aix

PAR

HENRI GOURDEZ

AVOCAT

> Il n'y a qu'une société de perte
> ou de gain qui puisse réconcilier
> ceux qui sont destinés à travailler,
> avec ceux qui sont destinés à jouir
>
> (MONTESQUIEU. — *Esprit des
> Lois*, Liv. 13, Ch. 3.)

MARSEILLE

IMPRIMERIE DE JULES BARILE

Rue Sainte, 6

—

1869

INTRODUCTION

L'exploitation du sol exige, comme toute autre industrie, l'emploi d'une intelligence directrice, de forces diverses et de matériaux multiples.

Les forces sont fournies par l'homme et par les animaux; les matériaux sont la terre, les instruments avec lesquels on la féconde, les semences qu'on lui confie; enfin, c'est l'intelligence humaine qui préside au fonctionnement de ces forces et à l'emploi de ces matériaux.

Quelquefois un seul individu dispose de ces trois éléments. Propriétaire de la terre, il la féconde de ses bras et dirige lui-même son travail. C'est le propriétaire-cultivateur.

Mais le plus souvent le maître du sol ne peut ou ne veut se vouer à la culture. De là les divers modes de *conduction* (1) agricole.

Tous ces modes, qu'ils s'appellent bail à ferme, emphythéose, bail à rente, etc., supposent néces-

(1) L'expression de *conduction*, que j'emploie ici et qui reviendra fréquemment dans le cours de cette étude, n'est pas usitée. J'ai cru cependant pouvoir m'en servir, à défaut d'autre, pour désigner, en général, toute convention par laquelle le propriétaire du sol se décharge du soin de cultiver pour le confier à un autre. C'est cette idée que le mot *conduction* explique clairement; tandis que le mot *exploitation*, généralement employé, a une acception plus étendue puisqu'il implique la culture par le propriétaire.

sairement que l'agent, aux mains de qui le propriétaire confie l'exploitation, réunit les trois éléments sans lesquels il n'y a pas d'exploitation possible. Ils supposent, en d'autres termes, que le tenancier est aisé et intelligent, qu'il est pourvu d'un capital suffisant et qu'il sait s'en servir. D'où il suit que, s'il ne réunit pas ces conditions, l'accès des conductions agricoles lui est interdit, et que si, néanmoins, il s'y engage, son insuccès est assuré.

Toutes les fois, en effet, que le cultivateur est dépourvu du capital, l'acquittement de la redevance qu'il doit au propriétaire dépendra d'un fait accidentel : la réussite des récoltes et leur bonne vente. Il dépendra, en second lieu, du plus ou moins de prévoyance avec laquelle le tenancier aura prélevé l'excédant des bonnes années pour faire face au déficit des mauvaises.

On voit par là combien sera fréquente l'impossibilité d'acquitter cette redevance, et quelles entraves cette impossibilité apportera à l'établissement des modes de culture fondés sur le paiement d'une redevance en argent.

Mais que le propriétaire, au lieu d'exiger une somme d'argent fixe, prenne une part proportionnelle de la récolte, dans les bonnes comme dans les mauvaises années ; que, par là, il crée lui-même, dans les bonnes années, ce fond de réserve destiné à suppléer aux mauvaises; l'inconvénient signalé disparaît, et la classe agricole tout entière peut aborder avec confiance l'exploitation du sol.

C'est cette combinaison que réalise heureusement le bail à portion de fruits, auquel on a donné le nom de colonat partiaire.

Je me propose d'étudier le colonat partiaire dans la législation romaine et dans la législation française. Si difficile que fût cette étude, je n'ai pas hésité à l'entreprendre, et j'y ai été encouragé par la pensée qu'en montrant ce qu'il est, je contribuerais peut-être à venger ce mode d'exploitation des injustes critiques qui, de notre temps surtout, lui ont été prodiguées.

Non que je veuille exalter outre mesure ses avantages ou taire ses imperfections. Sans doute, le métayage, ne saurait convenir aux pays qui unissent à la fécondité naturelle du sol, la pratique d'une culture perfectionnée; mais je crois qu'il offre un précieux secours dans ceux où l'infertilité de la terre et plus encore la casualité des récoltes empêchent le cultivateur d'assumer à lui seul tous les risques de l'exploitation agricole. Et c'est pourquoi je repousse les critiques dédaigneuses de certains théoriciens, peu initiés aux difficultés de la mise en culture et, dans tous les cas, assez heureux pour vivre dans un pays où l'état florissant de l'agriculture rend le métayage inutile.

A ceux-là, du reste, M. de Gasparin a répondu déjà avec sa haute raison et sa grande expérience, « qu'il fallait être très-prudent pour condamner en » masse des pratiques suivies par de nombreuses » populations, et qu'avant de le faire, il importait

» d'apprécier soigneusement toutes les circonstan-
» ces qui les retenaient loin du mieux absolu et les
» forçaient à se contenter du bien relatif (1).

Mais, outre qu'il est justifié, encore aujourd'hui,
par d'impérieuses nécessités, le colonat partiaire se
recommande, à un plus haut titre, quand on envisage le rôle qu'il a joué dans l'histoire du travail
agricole.

C'est parcequ'il ouvre, au cultivateur dépourvu
de capital, l'accès de l'exploitation libre, que le
colonat partiaire, à Rome, et plus tard au moyen-
âge, a pu arracher l'agriculture à ce désastreux
système qu'on nomme la culture servile.

Par là, il a accru la production, parce que la
production s'accroît nécessairement quand celui qui
produit est appelé à recueillir ; par là, enfin, et c'est
son éternel honneur, il a le premier restitué au
travailleur sa dignité morale, en créant pour la
première fois le travail libre, individuel, responsable.

Et c'est ainsi que le métayage qui, pour quelques-
uns apparaît comme l'incarnation même de la routine, se lie essentiellement dans le passé à l'idée d'un
progrès réalisé.

Quand il apparaît dans l'histoire d'un peuple, le
philosophe comme l'économiste doivent se réjouir,
car ce peuple a secoué l'étreinte de la culture servile
et désormais il connaîtra le travail libre.

Quand il disparaît, il faut s'en réjouir encore, car

(1) *Métayage*, chap. 1er.

s'il disparaît, c'est qu'il a rendu possible un état de choses meilleur ; c'est qu'en jetant quelque aisance dans la classe agricole, il a provoqué l'avènement du bail à ferme.

Tel est le rôle du colonat partiaire ; telle est sa nature, telle est son histoire, tels sont ses résultats.

C'est assez dire combien il mérite d'être étudié, et l'on comprend maintenant que M. de Gasparin (1) ait pu écrire, en toute vérité, que le colonat partiaire était intimément lié aux bases de l'ordre social, et, qu'à ce titre, il se félicitait d'en avoir entrepris l'étude.

_____

(1) *Ibid.* Préface.

CHAPITRE Ier

DU COLONAT PARTIAIRE DANS L'AGRONOMIE ROMAINE

A l'origine de Rome, l'exploitation fut telle qu'elle est dans toute société naissante. Chacun cultiva avec sa famille le terrain qu'il s'était approprié, jusqu'au jour où la violence, l'abus de la force et la guerre qui en résulte ayant donné naissance à l'esclavage, l'esclave devint, sous la surveillance du maître, l'agent naturel de la culture.

Dans un pareil temps, on ne saurait s'attendre à rencontrer ni bail à ferme, ni colonat partiaire, ni tout autre mode d'exploitation qui suppose ou constitue la libre culture. Quels pourraient être les fermiers ? C'est une classe qui manque, comme le fait justement remarquer Troplong (1). Il n'y a que les propriétaires du sol et les esclaves. La liberté a pour condition la propriété : quiconque n'est pas propriétaire est esclave ou ne tardera pas à le devenir.

Plus tard, par l'effet même du temps, les éléments sociaux se fusionnent; les capitaux se déplacent; la richesse publique s'accroit, et à côté de ces deux classes qui forment les deux extrêmités de l'échelle sociale, il s'en forme peu à peu une troisième. C'est la classe des hommes libres non-propriétaires. Les affranchissements

(1) *Louage.* — Préf., p. 10.

ui donnent naissance ; son accroissement suit le progrès
de la législation et des mœurs, et elle finit par marquer
sa place dans cette société romaine où elle semblait n'a-
voir pas de raison d'être.

Cependant un jour vient où, plus éclairés, les maîtres
du sol comprennent que la culture ne saurait prospérer
quand le cultivateur n'est pas intéressé à sa prospérité.
De là les concessions de terres et les conventions multiples qui ont pour but d'associer et d'intéresser le travailleur à l'œuvre agricole. Le jour où cette vérité économique s'est emparée des esprits, un grand progrès
s'est accompli ; mais, si grand qu'il soit, ce progrès est
encore insuffisant pour engendrer la libre culture. Ces
hommes libres, qui en doivent être les agents, sont bien
nés à la liberté ; mais sortis d'hier de la servitude, ils
sont dépourvus des capitaux qu'exige l'exploitation.

L'histoire offre de ce que j'avance une éclatante confirmation. Durant plus de cinq siècles, Rome a retenti
des cris de détresse que fait entendre la plèbe étouffée
sous une aristocratie puissante. Ce que demande cette
plèbe, ce qu'elle s'efforce d'obtenir par ses révoltes
sans cesse renouvelées, c'est un partage moins exclusif
de *l'ager publicus* et par là son avènement à la propriété du sol.

L'an de Rome 298, une première satisfaction lui fut
donnée. Le mont Aventin, retiré au patriciat, fut divisé
entre les plébéiens (1). Le principe admis, on ne cessa
d'en demander une plus large extension, jusqu'au jour
où, après deux siècles d'une lutte opiniâtre, Licinius

(1) Nieburh. II. 169-339.

Stolon détermina le partage de l'*ager publicus* (1) et, en établissant l'égalité dans le droit de propriété, hâta l'anéantissement politique de la classe patricienne. Dès lors, la classe moyenne était constituée ; après avoir obtenu la liberté, elle avait conquis la propriété ; elle pouvait enfin, au grand profit de l'agriculture, se livrer à l'exploitation du sol. Aussi, M. Laboulaye a-t-il pu dire avec raison que « les lois liciniennes, en organisant » une classe moyenne de propriétaires, firent la » grandeur du pays (2). »

La libre culture était désormais possible, et les divers contrats qu'elle comporte praticables. Toutefois ils ne s'établirent que lentement. S'il faut en croire Columelle (3), l'exploitation par les esclaves, soumis à la surveillance d'un régisseur, esclave lui-même et désigné sous le nom de *villicus*, fut presque universellement en vigueur jusqu'à une époque assez avancée. C'était en effet la plus fructueuse pour ceux qui, suivant le conseil de l'agronome Magon (4), vendaient leur maison de ville le jour où ils achetaient une maison de campagne. Caton n'exploitait pas autrement ses domaines, et Varron, en dédiant son traité d'agriculture à son ami Fundamia, qui vient d'acheter un fonds de terre, lui conseille de l'exploiter par lui-même s'il veut en tirer un bon revenu (5).

(1) Livius. V. 35 — X, 13.
(2) *Hist. du droit de prop. en Occident*, liv. 11, ch. 5.
(3) *De re rustica*, lib. 8, c. 8.
(4) *Qui agrum paravit, domum vendat.* — (Rapporté par Pline. — *Hist. Nat.* lib. XVIII, V. 11. 6.)
(5) *De agricultura*, c. 1.

Mais loin d'être le plus avantageux, ce système devenait impraticable (1) le jour où, soit qu'il fût absorbé par l'étendue de son domaine sans cesse grandissant, soit que le soin de la chose publique ou la guerre l'éloignassent de son exploitation, le maître ne pouvait plus exercer sur ses esclaves une surveillance efficace. Il était alors obligé de recourir à ces intendants, qui de tout temps, se sont montrés, selon le mot de Columelle (2) plus soucieux de piller que de cultiver, et dont la gestion infidèle et paresseuse n'a pas été une des moindres causes de ruine pour les familles nobles de notre ancien régime.

Là est le vice de ce mode d'exploitation. Il exige la présence continue du propriétaire (3) et n'est par conséquent possible que dans les temps où la vie agricole est en honneur. Il devient désastreux dès que, sous l'empire d'une cause quelconque, la classe maîtresse du sol déserte ses domaines. Mais envisagé au point de vue moral, il offre un vice plus grand encore. En n'intéressant pas à la prospérité agricole, le travailleur placé sous les ordres du maître, il paralyse en quelque sorte le bras de ce travailleur, qui trouve toujours qu'il récolte assez quand il ne récolte pas pour lui. Pour que l'homme prodigue ses sueurs à la terre, il faut qu'il

(1) Columelle. *De re rustica*, I. 7.

(2) *Qui rapinis magis quam culturis strident.* —(Colum. loc. cit. I. 1.)

(3) *In longinquis tamen fundis, in quos non est facilis incursis patris familias, omne genus agri tolerabilius est sub liberis co'onis quam sub villicis servis habere.... Quare talis generis prædium, si, ut dixi, domini præsentiâ cariturum est, censo locandum.*

(Colum., loc. cit, I. 8.)

soit soutenu et encouragé par la pensée que ses bénéfices seront proportionnés à ses labeurs. C'est dans cette idée, qui est tout à la fois un stimulant salutaire pour le travailleur et une garantie précieuse pour le propriétaire, qu'il faut chercher le secret fécond de la libre culture. Et par la même raison, c'est là ce qui frappait d'impuissance l'exploitation par les esclaves.

Ces idées si simples, qui sont le fondement même de toute saine économie rurale, ont mis du temps à se propager. Entrevues à peine par le droit romain, obscurcies pendant dix siècles par les ténèbres du moyen-âge, elles n'ont dû qu'aux progrès des temps modernes leur complète et définitive réalisation. Toutefois, si lent qu'ait été leur travail dans la civilisation romaine, il fût assez actif pour y faire pénétrer sinon la pratique générale, du moins le principe de la libre culture.

Ainsi préparé par la marche des idées, cet avènement de la libre culture fut servi fort à propos par les deux causes qui viennent d'être indiquées : d'une part, l'apparition d'une classe de travailleurs libres que le partage de *l'ager publicus* et le morcellement de la propriété avaient arrachés à sa misère ; d'autre part, la difficulté chaque jour croissante pour les patriciens, retenus à Rome, de faire valoir eux-mêmes leurs terres.

Cet avènement se produisit d'une manière lente, insensible, et il serait téméraire de vouloir lui assigner une date précise. Si l'on se préoccupe plus spécialement du colonat partiaire, on voit que la première mention qui en soit faite dans les écrits des agronomes romains, se trouve dans Caton (1). Caton indique la portion de fruits qui est ordinairement laissée au colon partiaire qu'il désigne sous le nom de *politor* et de *partiarius*.

Comment s'établit ce mode nouveau d'exploitation ? Il est permis de le supposer.

Pour que le bail à ferme soit possible dans l'économie agricole, il faut que les maîtres du sol se trouvent en présence d'une classe agricole aisée, pourvue de capitaux et suffisamment initiée à toutes les connaissances qu'exige l'exploitation. Tant que la classe agricole d'un pays ne réunit pas ces conditions, le fermage est impraticable, et, à moins de retomber ou de rester dans la culture servile, il faut bien recourir au métayage.

Si ces idées, que nous avons essayé d'indiquer dans notre introduction, sont justes, on est en droit de dire, qu'à Rome aussi, le colonat partiaire est né le jour où est née la libre culture, et que, théoriquement il a dû précéder le bail à ferme. Ou bien, si au sein de cette classe agricole pauvre, quelques baux à ferme ont été conclus, les maîtres du sol, lassés par l'insolvabilité de leurs tenanciers, que les intempéries des saisons pouvaient, d'un jour à l'autre, rendre complète, n'auront pas tardé à adopter le principe du partage des fruits, sauf à revenir au système de la prestation fixe, lorsqu'ils auront pu traiter avec des tenanciers plus aisés.

Et il y a d'autant plus de raison de croire qu'il en fut ainsi que ces lois liciniennes, dont le but salutaire avait été, en fractionnant le sol, d'arracher la culture aux mains des esclaves, enjoignirent aux propriétaires de se

_____

(1) *De re rustica*. Cap. 136 et 137.

servir d'hommes libres. Or ces hommes libres dont la loi faisait ainsi les agents uniques de l'œuvre agricole ne pouvaient l'aborder qu'à titre de colons partiaires.

Ainsi donc c'est à l'époque même où a été inaugurée la libre culture que nous plaçons l'origine du colonat partiaire, et nous croyons avoir montré qu'il y avait pour qu'il en fût ainsi une impérieuse nécessité. Mais, dans son *Histoire des Républiques Italiennes* (1), M. Sismondi suppose au métayage une origine plus moderne. Voici, selon lui, ce qui s'est produit :

« Les Barbares, dit-il, au lieu de ravager les pro-
» vinces de l'Empire vinrent s'y établir à demeure fixe.
» On sait qu'alors chaque capitaine, chaque soldat du
» Nord, vint loger chez un propriétaire romain et le
» contraignit à partager ses terres et ses récoltes.
» Tout ce qui restait en Italie d'anciens esclaves de-
» meura dans la même condition ; mais les cultivateurs
» libres, obligés à reconnaître un maître dans le Ger-
» main ou le Celte qui se nommait leur hôte, furent
» contraints à rapprendre eux-mêmes à travailler.
» Indépendamment de la partie inculte du terrain que
» celui-ci se fit céder pour y parquer les troupeaux,
» il voulut encore entrer en partage des récoltes des
» champs, des oliviers, des vignes ; ce fût alors que
» commença sans doute ce système de culture à moitié-
» fruit qui subsiste encore dans presque toute l'Italie et
» qui a si fort contribué à perfectionner son agriculture
» et à améliorer la condition de ses paysans. »

Nous ne saurions admettre cette opinion que M. de Sis-

(1) Tome XVI, p. 561.

mondi, semble d'ailleurs considérer comme purement hypothétique. C'est assurément une idée fort ingénieuse, comme le fait observer M. de Gasparin, dans son traité *du Métayage* (1) , que d'attribuer ainsi l'origine de ce mode d'exploitation à la violence de la conquête, et de faire dégénérer des hôtes en maîtres qui exigeaient la moitié de la récolte au lieu de la moitié du terrain ; mais nous le répétons, les textes sont d'accord avec les principes que nous avons développés pour assigner au colonat partiaire une origine plus ancienne et le témoignage de Caton ne saurait permettre de révoquer en doute l'existence de ce contrat au quatrième siècle de Rome.

D'ailleurs, bail à ferme ou colonat partiaire, peu importe après tout : le grand progrès avait été réalisé : de la culture servile on avait passé à la culture libre.

Aussi nous touchons à l'âge le plus brillant de la République romaine. La révolution qui s'était opérée dans l'économie agricole portait ses fruits. A Rome, comme cela a lieu partout, l'agriculture prospère avait fait l'armée forte (2), et grâce aux soldats vigoureux que lui fournissait cette classe libre, enrichie et fortifiée par le travail des champs, la République marchait de conquête en conquête.

On sait quelle pernicieuse influence ces conquêtes exercèrent sur les mœurs romaines. L'austérité primitive s'amollit au contact de la civilisation grecque, et le goût des plaisirs et du luxe détournèrent de plus en plus les propriétaires du soin de leurs terres.

(1) Chap. II, p. 22.
(2) *Ex agricolis strenuissimi milites gignuntur.* (Caton.— Loc. citat.— X.)

D'ailleurs, la classe agricole avait été grandement décimée par la guerre, et, avec elle, commençait à périr le patriotisme romain. A sa place, on commençait à voir dans Rome ces troupeaux d'affranchis, foule turbulente et oisive, avide de plaisirs et de distributions, instrument redoutable entre les mains des ambitieux dont le règne était proche. Hors de Rome, dans les campagnes, un changement non moins funeste s'était accompli. Appien le retrace dès le commencement de son histoire des guerres civiles : « Toutes les fois, dit-il, que les Ro-
» mains soumettaient un peuple de l'Italie, ils lui enle-
» vaient une partie de son territoire, y fondaient des
» villes ou envoyaient des colons dans les villes déjà
» fondées. Ces colonies leur servaient de garnisons. La
» portion de territoire conquise par la guerre et déjà en
» culture était partagée gratuitement, vendue ou louée
» aux nouveaux colons. Les terres restées incultes
» étaient abandonnées à qui voulait les occuper, à con-
» dition de payer le dixième du produit de la terre, et
» le cinquième du produit des arbres. Les Romains
» avaient cru favoriser par ces mesures l'accroissement
» de la population italienne, si dure à la fatigue, et s'as-
» surer de nombreux auxiliaires aux portes mêmes de
» Rome. Mais il en arriva tout autrement ; les riches
» occupèrent peu à peu toutes ces terres vacantes, et,
» persuadés que personne ne leur en disputerait la pos-
» session, ils s'emparèrent des terres voisines et des
» champs des pauvres qu'ils envahissaient avec violence.
» Ils eurent ainsi d'immenses domaines. Pour les cultiver,
» ils se servirent d'esclaves, dans la crainte que les
» hommes libres ne fussent enlevés par le service mili-

» taire. Ainsi peu à peu les campagnes se remplirent
» d'esclaves, pendant que dépérissait la race ita-
» lienne (1). »

C'était le système des *latifundia* qui déjà produisait ses désastreux effets. L'Italie présentait alors un triste spectacle : d'un côté, les campagnes désertes et incultes ; de l'autre, une foule oisive dans les villes. C'est à cette plaie sociale que les Gracques voulurent porter remède. Sempronius Graccus qui, à son retour d'Espagne, avait traversé l'Italie abandonnée, voulut faire revivre les lois liciniennes, et demanda un nouveau partage de l'*ager publicus* (2).

Malheureusement cette tentative, du succès de laquelle dépendait le salut de Rome, échoua devant les efforts du patriciat et bientôt le mal ne connut plus de bornes. Cette classe moyenne qui avait fait la force de la République, disparaissait, étouffée par la misère. En vain cherchait-elle à travailler. Les riches, aux mains de qui la propriété du sol avait passé tout entière, ne voulaient pas de ces hommes libres et leur préféraient les esclaves, parce que les esclaves étaient à l'abri du service militaire (3).

Les guerres civiles et les luttes incessantes qui marquèrent la fin de la République étaient faites d'ailleurs pour accroître le mal. En distribuant l'Italie à leurs soldats, les généraux achevèrent de la ruiner, que

---

(1) Appien. *Guerre civile*, l. 7.
(2) *Legem tulit ne quis in Italia ampliuis quam duocenta jugera possideret; intelligebat enim contra jus esse, majorem modum possidere, quam qui ab ipso possidente coli possit.* (Sicul. Flac. de Cond. Agror.)
(3) Livius, IV.—57.

2

pouvait-il rester de la classe agricole et quelle pouvait être la culture dans un temps où, d'un seul coup, Octave donnait à ses soldats, en récompense d'une bataille gagnée, dix-huit villes et leurs territoires (1)? Et, avant lui, Sylla n'avait-il pas distribué des terres à chacune de ses quarante-sept légions (2). César n'avait-il pas partagé entre ses cent vingt mille légionnaires les plus fertiles plaines de la Campanie (3)?

Ces prodigalités furent telles, que, quand vint l'Empire, l'*ager publicus*, au témoignage des historiens (4), avait disparu presque tout entier: ses derniers lambeaux se fondirent dans les domaines impériaux, *fundi patrimoniales*.

Cet état de détresse s'accrut encore et atteignit son apogée sous les premiers Empereurs. Nous savons par Cicéron (5) que, de son temps, l'Italie comptait au plus deux mille propriétaires et que plus de trois cent mille hommes erraient dans les villes, en proie à l'indigence, à la merci du premier acheteur venu. Le nombre des propriétaires alla toujours en décroissant, et un jour vint où, si l'on en croit Pline (6), la moitié de l'Afrique appartint à six citoyens! Les rivières qui, autrefois séparaient des nations, limitaient à peine les domaines d'un particulier (7), et un seul propriétaire avait sous

---

(1) Appien.— *Guerre civ.* IV. 3.

(2) *Ibid.*—I, 96.

(3) *Ibid.*— II, 94

(4) *Sicul. Flac.*—*De con l. agr.*, 2.

(5) Cic. *De off. II*, 21.

(6) *Semissem Africæ.*—(Plin. lib. XVIII. 7.

(7) Gibbon.— T. IV, p. 33.

ses ordres jusqu'à six mille esclaves : *Villarum infini-
ta spatia , familiarum numerum et nationes* (1).

De même que le régime salutaire inauguré par les lois
liciniennes, en favorisant l'essor de l'agriculture , avait
assuré la grandeur de Rome ; de même aussi , la con-
centration des *latifundia* entre les mains de quelques
rares propriétaires , en tarissant la production agricole ,
amenèrent une détresse économique et sociale telle que
l'histoire en offre peu de pareilles.

Partout la culture des céréales avait été abandonnée
parce qu'elle exige une éducation agricole et un labeur
opiniâtre qu'exclut une pareille organisation , et partout
elle avait été remplacée par les pâturages. La fertile
Italie ne produisait même plus les denrées nécessaires à
sa consommation : l'Afrique fournissait le blé ; la Grèce,
le vin, et chaque jour trois cent vingt mille affamés se
pressaient aux distributions de vivres (2)! Si bien que ,
suivant la saisissante expression de Tacite , le sort de
Rome était livré chaque jour à la merci des vents et
des flots (3).

Pline avait raison : *Latifundia perdidere Italiam* ! et
il ajoutait avec un pressentiment qui ne devait que trop
se confirmer : *Jam vero et provincias* (4).

Le remède était dans l'excès même du mal ; on
voyait ce qu'avaient fait de l'Italie le régime des
latifundia et la culture servile : une réaction marquée

---

(1) Tacite.—*Ann. lib.* III.
(2) Suétone.—*In Aug*. C. 37.
(3) *Vita populi romani per incerta maris et tempestatum quotidie
volvitur.*—(Tacite. *Ann. Ibid*).
(4) *Hist. nat.* XVIII. 7.

s'opéra au profit de l'agriculture. On a souvent reporté à Columelle, à Pline l'Ancien et surtout à Pline le Jeune, le mérite d'avoir provoqué cette réaction. Sans doute , les écrivains agronomes (1) des deux premiers siècles de l'ère chrétienne cherchèrent par tous les moyens, à remettre en honneur l'industrie agricole. C'est avec une patriotique tristesse , que Pline l'Ancien (2) rappelle combien est lointain le temps où l'on ne pouvait mieux louer un homme qu'en disant qu'il était bon laboureur, et où la gloire s'appelait *adorea* , du mot *ador*, blé , par ce qu'il était glorieux d'avoir beaucoup de froment.

Mais si elle fut soutenue et encouragée, cette réaction naquit, pour ainsi parler, de la force des choses. Elle n'eut d'autre cause que l'état lamentable où étaient tombés la culture et les cultivateurs. Chose digne de remarque, sous Trajan, on verra se reproduire, dans l'œuvre et dans l'économie agricoles , le changement qu'y avaient apporté, vers le IIIᵉ ou le IVᵉ siècle avant Jésus-Christ, le progrès et la civilisation. Cette fois encore, il faudra que l'Italie s'arrache à l'étreinte de la culture servile, et cette fois encore, dès.qu'elle reparaîtra, la libre culture revêtira la forme du métayage.

Ces phénomènes sociaux, d'où nous avons tiré la loi économique qui préside, selon nous, à la naissance du

---

(1) *Illis enim temporibus, proceres civitatis in agris morabantur ; et cum concilium publicum desiderabatur, e villis arcessebantur in senatum.. .*
Romuli proles assiduis venatibus, nec minus agrestibus operibus excitata.... semperque rusticam plebem præposuit urbanæ.
Colum. *loct. citat. præf.*

(2) Plin. *Hist.* XVIII. 3.

colonat partiaire, sont décrits dans une précieuse lettre
de Pline le Jeune à son ami Paulin (1).

   « Je suis ici retenu, écrit Pline, par la nécessité de
» trouver des fermiers. Il s'agit de mettre des terres en
» valeur pour longtemps et de changer tout le plan de
» leur régie ; car les cinq dernières années, mes fer-
» miers sont demeurés fort en reste malgré les grandes
» remises que je leur ai faites, de là vient que la plu-
» part négligent de payer des à-comptes dans le déses-
» poir de se pouvoir entièrement acquitter. Ils arrachent
» même et consument tout ce qui est déjà sur la terre, per-
» suadés que ce ne serait pas pour eux qu'ils épargne-
» raient. Il faut donc aller au devant *d'un désordre qui aug-*
» *mente tous les jours et y remédier.* Le seul moyen de le
» faire, c'est de ne point affermer en argent, *mais en*
» *parties de récolte à partager avec le fermier*, et de
» préposer quelques-uns de mes gens pour avoir l'œil sur
» la culture des terres, pour exiger ma part des fruits
» et pour les garder. D'ailleurs, il n'est nul genre de
» revenu plus juste que celui qui nous vient de la ferti-
» lité de la terre, de la température de l'air et de l'or-
» dre des saisons ; cela demande des gens sûrs, vigi-
» lants et en nombre. Je veux pourtant essayer et tenter,
» *comme dans une maladie invétérée*, tous les secours
» que le changement de remède pourra donner. »

   Ainsi donc, la première cause de cette réaction, ce
fut la nécessité. D'ailleurs la culture servile, dont on
avait jugé les désastreux effets, devenait plus difficile
du jour où, les frontières de l'empire étant enfin fixées,

(1) *Lib.* IX. Epist. 37.

la conquête ne réduisit plus en esclavage des populations
entières. L'importation des esclaves ayant cessé, leur
nombre diminua rapidement et l'emploi des hommes
libres se présenta comme une nécessité. Le métayage
fut alors adopté et il devint d'un usage beaucoup plus
général qu'il ne l'avait jamais été sous la République.
C'est en faisant allusion à cette époque de renaissance,
que Pasquier a pu dire que « c'était chose familière en la
» ville de Rome d'affermer ses terres à moitié grain » (1).
Pasquier va même jusqu'à dire que, « sur le déclin de
» l'Empire, il y eut une loi de l'Empereur Valentinian,
» par laquelle il était défendu à tous maîtres d'affermer
» leurs terres en argent, ains de soy contenter de
» ce qu'elles rapporteraient ». Troplong (2), qui rapporte ce passage, pense que la loi dont il est ici
question est la loi 5 au C. *De Agricolis*. Elle porte :
« Domini prædiorum id quod terra præstat accipiant,
» pecuniam non recipiant, quam rustici optare non
» audeant nisi consuetudo prædii hoc exigat. » — Mais
c'est à tort que Pasquier appliquait ce texte au colon
partiaire ; il ne s'adresse qu'aux colons du bas-empire
et entre ceux-ci et celui-là, la différence est grande.

Mais ce qui est certain c'est que le colonat partiaire
prit à l'époque où nous sommes parvenus une extension
considérable. Il parait s'être enraciné plus profondément
en Espagne et dans les contrées qui avoisinent le Danube
et la Basse-Loire, telles que la Mœsie, l'Illyrie, la Dal-
matie, la Pannonnie, l'Armorique. En effet, les écrivains

(1) *Recherches*, t. 1, liv. 8, ch. 46.
(2) *Louage*, II, art. 1761.

des IIIe et IVe siècles parlent souvent des *rustici* de ces provinces, race énergique de cultivateurs, qui, résistant à la décadence universelle, fournit au monde romain ses derniers empereurs et ses derniers soldats.

Cette décadence arrivait à grand pas. La renaissance agricole, qui aurait pu la retarder, succomba sous les vices du système impérial. Les cultivateurs libres, que nous avons vu reparaître, disparurent une fois encore, décimés par les impôts et la misère. Déjà, du temps de Marc-Aurèle, le tribut des provinces, d'impôt en nature (vectigal), avait été transformé en impôt en argent (tributum). La contribution foncière créée par Maximien, porta le dernier coup à la classe agricole. Cette contribution atteignit un taux tellement excessif, que les propriétaires des terres médiocres les abandonnèrent pour se dérober aux poursuites du fisc. On reversa alors leur part contributive sur les terres fertiles (1), et toute exploitation devenant par là impossible, les unes et les autres furent abandonnées.

A cela se joignait l'intolérable fardeau de la curie qui pesait presque exclusivement sur la classe moyenne (2), cette classe agricole par excellence. L'histoire a souvent retracé le triste sort des décurions. On les rendait responsables de la gestion des autres et quand ils ne pouvaient payer, on les torturait sans pitié (3), et pour com-

---

(1) L. 4. c. th. X. 3. *De loc. fund. jur.* Emphyt. L. 6. c. *Just. De omni agro deserto, et quando steriles fertilibus imponuntur.*

(2) Les sénateurs, les magistrats, les officiers du palais, leurs descendants, les militaires, le clergé, les cohortales et la plèbe étaient exempts des fonctions curiales, seule restait la classe moyenne.

(3) C. Th. *De Quœst* IX, 35 ; L. 2. *Decuriones sive ob alienum sive ob suum debitum, exortes omnino earum volumus esse pœnarum quas fidicula et tormenta constituunt.*

ble de malheur, rien ne pouvait les soustraire à cet état intolérable, pas même l'esclavage, moins dur mille fois que le servage de la curie (1). Tout fut inutile ; la loi les avait à jamais emprisonnés eux et leurs descendants dans leur lamentable condition. Pressurée elle-même par la curie, la petite propriété devint impossible. Elle disparut, *tributorum vinculis quasi prœdonum manibus strangulata,* dit énergiquement Salvien (2).

Petite propriété, classes moyennes, libre culture, ces trois choses inséparables, qui, suivant qu'elles existent ou n'existent pas, font les nations fécondes ou stériles, tout fut englouti dans un commun naufrage, triste fruit du système impérial et indice certain d'une prochaine désorganisation sociale.

En vain chercha-t-on à conjurer le péril. En vain l'empereur Pertinax offrit-il d'abandonner, à qui s'engagerait à les cultiver, les domaines impériaux, promettant une immunité de dix ans (3). En vain, le Code Théodosien essaya-t-il d'exempter de tout tribut le territoire de la Campanie, autrefois si fertile, aujourd'hui couvert de jachères (4). Le mal était sans remède.

Alors apparaît le colonat : situation mixte, compromis mal défini entre la liberté qui se meurt et l'esclavage qui s'épure au souffle de l'idée chrétienne ; à tout prendre, institution bâtarde, comme il en éclot parfois durant les phases critiques de l'humanité : que la détresse du temps force à saluer presque comme un bien-

---

(1) Salvien. *De Gub Dei — Novelle* 4 *Majoriani.*
(2) *De Gub. Dei.* lib. IV. p 73.
(3) Hérodien. *Hist. II.* 4.
(4) C. Th. *Lib. IX.* 28.

fait, mais qui disparaît d'elle-même, comme elle était née, du jour où une organisation normale et régulière a succédé aux jours de crise.

Ce n'est pas ici le lieu d'étudier le colonat, ni, par conséquent, d'aborder la grande et difficile controverse à laquelle l'incertitude de son origine a donné lieu. Bien que MM. de Savigny et Guizot aient professé des opinions contraires, nous sommes de ceux qui pensent, avec Troplong, que le colonat a sa cause dans le funeste système des *latifundia* et dans les désastreuses conséquences qu'il a entraînées. Le jour où la terre n'a plus trouvé ni serviteurs ni maîtres, le jour où personne n'a voulu, à aucun prix, se vouer à la culture, il a bien fallu imposer cette tâche à l'esclave et pour qu'il ne désertât pas ce sol qu'il ne fécondait qu'à regret, on l'a fait une seconde fois esclave, esclave de la terre (1). Le colon y est rivé par un lien indissoluble, lui et ses descendants à perpétuité ; et plus malheureux en cela que l'esclave, il ne pourra jamais recouvrer la liberté. Seulement pour rendre cet état de sujétion compatible avec le progrès des mœurs, on donna au colon le droit de posséder, d'aliéner, d'avoir un état-civil, une famille.

_____

(1) *Inserviunt terris.* Const. *I. Cod. Inst. XI.* 52.

CHAPITRE II.

DU COLONAT PARTIAIRE DANS LA LÉGISLATION ROMAINE

I.

Généralités

Après avoir retracé l'historique du colonat partiaire et l'avoir montré paraissant et disparaissant, suivant les fluctuations économiques et sociales du monde romain, nous devons maintenant étudier les principes qui le régissaient et les règles auxquelles il était soumis. Mais, on le comprend, ces principes et ces règles seront différents, selon que nous assignerons à ce contrat telle ou telle autre nature. Et ici nous nous heurtons, dès les premiers pas, à la grande difficulté du sujet.

Qu'est-ce que le colonat partiaire?

Est-ce un louage des choses, est-ce un louage d'ouvrages, est-ce une société, ou bien n'est-ce qu'un contrat inommé?

Le droit romain n'offre peut-être pas de question plus difficile à résoudre. La difficulté naît du silence des textes et, par là même, du silence des commentateurs. Il n'y a à cela rien d'étonnant. La forme d'exploitation du sol que nous étudions n'avait jamais pénétré profondément dans l'économie rurale des Romains. Elle était sortie, pour ainsi dire, sans qu'on s'en doutât, de la détresse économique du temps et, après une trop courte existence, elle avait succombé, comme le bail à ferme, sous l'envahissement de la culture servile. Pour les jurisconsultes de l'époque classique, ce devait être une chose presque inconnue, ou qui, si le souvenir historique en était resté, était sortie depuis longtemps du domaine de la pratique, et n'avait pas laissé une empreinte durable dans les monuments de la législation.

Aussi tandis que dans le titre consacré aux contrats inommés, on retrouve énumérées comme à plaisir et souvent étudiées en détail, toutes les formes, même les plus bizarres, que peuvent affecter les conventions, on n'y voit aucun texte qui ait trait au contrat qui nous occupe. La dénomination même de colon partiaire n'apparaît qu'une fois, dans un fragment de Gaïus (1), cité plus loin, et ce jurisconsulte se borne à signaler une des différences qui séparent le bail à ferme du colonat partiaire.

Si la difficulté est grande, on comprend l'intérêt qu'il y a à la résoudre.

La législation romaine avait limitativement énuméré les conventions qu'elle élevait, à raison de leur importance ou de leur fréquence, à la hauteur de contrats, en leur donnant un nom et en les munissant d'une action. Toute convention qui ne figurait pas dans cette énumération avec son nom propre était, du moins en principe, dépourvue d'action. Le colonat partiaire n'avait certainement pas de *dénomination juridique*, de *nomen* : il sem-

---

(1) L. 25 § 6 D. *loc. cond.*

ble qu'on est forcé d'en conclure qu'il doit être placé au nombre de ces conventions *quorum appellatio nulla jure civili prodita est* (*De præscriptis verbis*, loi 3), et qu'il n'est autre chose qu'un contrat inommé. Mais il peut se faire que telle convention donnée, n'ayant pas de *nomen*, rentre dans l'un des contrats nommés par la loi, et n'en soit qu'une application ou une forme nouvelle. Elle sera, dans ce cas, sanctionnée par l'action qui découle de ce contrat.

Or, c'est ce qu'il faut ici rechercher pour le colonat partiaire. N'est-ce qu'une simple convention dépourvue de *nomen*, ou bien peut-on l'assimiler à l'un des contrats nommés par la loi et devra-t-on en conséquence lui appliquer les règles et lui attribuer l'action de ce contrat? C'est ainsi que je pose les termes de la question. Je n'en aborde pas l'examen sans quelque crainte, car elle est fertile en difficultés, et je suis réduit pour les affronter à mes seules forces. C'est dire que je ne soumets qu'avec une extrême défiance les explications qui vont suivre, et que je les offre comme des conjectures probables, plutôt que comme des réalités juridiques.

II.

Le colonat partiaire n'est pas un contrat inommé.

J'ai dit déjà que le droit des douze tables avait emprisonné, dans un cadre restreint, les conventions qu'il érigeait en contrats. Toute convention, qui n'était pas un contrat, n'était qu'un pacte, et était destitué de toute

protection de la part de la loi. Il a été convenu que j'af-
franchirais mon esclave Stichus et que vous me donne-
riez une somme déterminée, ou encore que je ferais un
voyage à Capoue dans votre intérêt et que vous en feriez
un à Carthage pour mes affaires personnelles ; ces conventions ne sont que des pactes ; elles ne sont pas sanc-
tionnées par une action. Mais si, malgré cette absence
de sanction j'ai affranchi Stichus, j'ai exécuté le voyage à
Capoue, pouvez-vous vous soustraire à l'exécution de
cette convention que j'ai exécutée de mon côté! « Vous
» l'eussiez pu dans l'origine : et c'est ici que le cri de
» l'équité blessée fut entendu des jurisconsultes. C'est pour
» le cas où la convention synallagmatique, d'abord une
» et dépourvue d'action, avait été exécutée d'un côté,
» qu'ils sentirent la nécessité de couvrir d'une protec-
« tion efficace la partie loyale qui avait exécuté. On finit
» par considérer cette exécution unilatérale comme
» contenant une *causa obligationis* et formant un
» contrat (1). Ce sont ces contrats que nous appelons
» contrats inommés, expression étrangère aux juris-
» consultes, mais d'une parfaite exactitude, et, comme
» nous le verrons, suggérée par les textes eux-mêmes (2).

Il fallut du temps pour que cette idée du contrat
inommé se dégageât. L'équité commandait bien que la
convention exécutée par une des parties, le fut par
l'autre (3). Mais au moyen de quelle action assurerait-
on cette exécution ; c'est ce qui a été longtemps dou-

(1) L. 7, § 2, *De pact*.
(2) Accarias.— *Théorie des contrats inommés*.
(3) *Nam aliud dando, ut aliud reddatur, obligari jure gentium possumus*.—(L. 25. *Marcianus lib III regularum*).

teux, et ce qui n'a été réglé qu'à la suite des hésitations et des tâtonnements des jurisconsultes et de la jurisprudence. Il faut arriver à l'époque classique pour trouver chez les jurisconsultes quelque donnée précise à cet égard. Plusieurs textes (1) permettent de conjecturer que ce fut Labéon qui le premier conçut l'idée des contrats inommés ; non qu'il en ait eu le premier la conception théorique, mais il s'appliqua à réaliser pratiquement l'idée qu'ils renfermaient en germe. C'est lui, en effet, qui introduit une action contractuelle d'un caractère nouveau, l'action *præscriptis verbis* ; c'est donc que dans ces hypothèses il intrevoyait des contrats nouveaux eux-mêmes. C'est cette action *præscriptis verbis* qui, après des controverses et des distinctions qu'il est inutile de rappeler, demeura, d'une manière générale, attachée aux contrats inommés.

On pourrait dire, en résumant les notions qui précèdent, que trois conditions sont nécessaires à la formation du contrat inommé :

1° Il faut d'abord qu'une prestation ait été faite par une personne à une autre. Le contrat inommé suppose *aliquid datum* ou *aliquid factum*;

2° Il faut que cette prestation intervienne en exécution d'une convention antérieure et que cette convention oblige l'autre partie à effectuer une prestation réciproque consistant aussi à donner ou à faire;

3° Il faut enfin que cette convention ne constitue pas un contrat nommé. Il est certain que ces conditions, sauf la troisième qui suppose résolue la question que nous

(1) L. I, § I, *de præscrip. verb.*— L. 50, XVIII, 1 *de contr. empt.*

cherchons à résoudre, pourraient se trouver réunies dans le colonat partiaire et que l'on pourrait, en admettant la classification des textes, faire de ce contrat, un contrat *facio ut facias*.

Cette opinion, parmi les romanistes de notre ancien Droit (j'ai déjà dit que les jurisconsultes romains étaient muets sur le contrat qui nous occupe), a compté, parmi ses défenseurs, le Président Favre (1) et Coquille. Ces auteurs admettent bien que le colonat partiaire ne saurait constituer un louage et refusent en conséquence les actions *locati* et *conducti*; mais ils repoussent pareillement l'assimilation du colonat partiaire au contrat de société, et refusant l'action *pro socio* comme ils ont refusé l'action *locati*, ils en arrivent à reconnaître, comme seule possible, l'action *præscriptis verbis*, c'est-à-dire à faire du colonat partiaire un contrat inommé.

La vérité est bien difficile à saisir en ces matières; cependant j'incline à croire que cette opinion ne doit pas être acceptée et j'aborde la démonstration de la proposition que j'ai déjà énoncée : *le colonat partiaire, n'est pas un contrat inommé.*

La première raison que j'invoque à l'appui de ma thèse est une raison historique. S'il y a un point certain

---

(1) *Ego fateor quidem*, dit le Président Favre, *ex locato conducto agi non posse, cum non sit locatio, non interveniente pecunia; sed nego agi posse pro socio, cum non sit vere, sed similitudinarie tantum, contractus societatis. Negari enim non potest quin contractus hic de colono partiario, licet non sit locatio, magnam tamen habeat similitudinem et adfinitatem cum locatione, majoremque quam cum societate, quæ per solam lucri et damni communionem inducitur.* (Sur la loi 25, § 6, D. *Locat. Cond.*)

Ce sera donc, dit Coquille, un contrat inommé *ad instar locationis.*

dans cette étude et qui soit à l'abri de toute discussion, c'est celui ci : le colonat partiaire a existé à une époque assez ancienne, que l'on ne saurait préciser, mais qui est nécessairement antérieure au temps où vivait Caton (1).

Or, la théorie des contrats inommés n'apparaît qu'à une époque bien postérieure. C'est Labéou, on l'a vu, qui le premier, par la création de l'action *præscriptis verbis*, cherche à protéger la convention non reconnue par l'ancien droit ; et il est permis de croire que cette innovation ne fut pas admise sans difficulté, puisque, du temps même du Dioclétien, une constitution de ce prince (2) considère encore le contrat inommé comme dépourvu de sanction.

S'il en est ainsi, peut-on admettre que le colonat partiaire, contrat important comme tous ceux qui concernent les conductions agricoles, soit demeuré sans sanction, sans garantie de la part de la loi ? Cela est d'autant plus impossible que le colonat partiaire, étant un contrat dont l'exécution est successive, quotidienne, les manquements et les infractions aux accords communs, doivent y être nécessairement plus fréquents, et partant la protection de la loi plus nécessaire.

Ce rapprochement historique me paraît d'autant plus concluant que pour ceux qui en font un contrat inommé, le colonat partiaire doit être compris dans le *négotium facio ut facias* ; or, ce sont précisément les *négotia* de ce genre qui sont restés le plus longtemps dépourvus d'action (3).

(1) V. Chap. Ier.
(2) L. 4, C. de dol. mal.
(3) M. Accarias, ouvrag. cit., p. 35.

Du reste, si l'on examine de près le caractère juridique des contrats inommés, on voit mieux encore combien il est difficile d'y faire rentrer le colonat partiaire.

Le contrat inommé, on le sait, n'existe, en tant que contrat, que lorsqu'une des parties a exécuté son obligation ; *ob rem datam*. Sa cause, son fait générateur, c'est cette exécution de la part de l'une des parties. Cela étant, ne peut-on pas dire que, le contrat inommé est forcément unilatéral ? Celle des parties qui a exécuté, a obligé l'autre, mais elle ne s'est obligée à rien. Et il ne faut pas dire que cette exécution unilatérale a été faite en vertu d'une obligation antérieure, puisqu'elle est elle-même la cause génératrice du contrat, du lien, et que si avant qu'elle se produisit, le contrat n'existait pas, il n'y avait pas évidemment d'obligation. Je ne sais si la proposition que je soutiens, et qui est d'ailleurs combattue par de graves auteurs (1), sera jugée paradoxale, mais elle me semble commandée par la logique. N'est-il pas vrai que la partie qui exécute a entendu non pas se délier, puisqu'elle n'était pas liée, mais seulement lier l'autre partie ? Donc le contrat est unilatéral.

C'est là un premier caractère qui répugne visiblement à l'idée même du colonat partiaire, lequel engendre des obligations multiples et réciproques.

Mais qu'il soit unilatéral ou bilatéral, le contrat innommé, cela est incontestable, ne se forme jamais par

---

(1) La raison qu'ils donnent et qui consiste à dire que si les contrats inommés ne sont pas bilatéraux, ils sont traités comme tels, me semble peu concluante.

le seul consentement. C'est là un principe (1) et les explications qui précèdent l'ont mis suffisamment en relief.

La *causa* du contrat, je le répète, se trouve dans l'exécution spontanée de l'une des parties. C'est alors seulement qu'il y a contrat.

Or, voyons s'il est possible d'adapter ce principe au colonat partiaire. Admettons, pour un instant, que ce dernier contrat ne se forme pas par le seul consentement. Mais alors par quoi se formera-t-il ? où sera la *causa* ? Où sera le fait générateur ? L'exécution de l'une des parties ! mais cette exécution spontanée ne pourrait émaner que du propriétaire du fonds. Or, le propriétaire du fonds n'a rien à exécuter, il n'a à transférer au colon ni la propriété, ni la possession du fonds ; il n'a pas même, comme dans le bail à ferme, à faire jouir le colon ; il n'a qu'à le laisser cultiver. Le contrat peut naître sans aucune prestation, sans aucun fait de sa part; une simple abstention suffit. Où donc, je le répète, sera le fait générateur ? Il est très-apparent dans le contrat inommé ; vous vous êtes engagé à aller à Capoue, dans mon intérêt ; je me suis engagé à aller à Carthage dans le vôtre. J'exécute mon obligation ; je vais à Carthage, voilà le fait d'où naît le contrat. Mais dans le colonat partiaire, je cherche vainement un fait antérieur qui pût engendrer le contrat.

Telles sont les raisons qui m'ont paru s'opposer à ce que l'on fît du colonat partiaire, un contrat inommé. On en pourrait sans doute trouver d'autres, mais je crois

---

(1) D. L. 5, de *Præscriptis Verbis.*

que, bien qu'incomplète, cette démonstration suffit à justifier ma proposition.

Si donc, le colonat partiaire, n'est pas un contrat inommé, il faut bien le ranger parmi les contrats nommés. Il reste à voir duquel de ces derniers contrats, il paraît se rapprocher davantage.

III

Le colonat partiaire n'est pas un louage

Entre le colonat partiaire et le bail à ferme, qui est une des formes du louage, la ressemblance est évidente. Tous deux ont un objet commun, un fonds de terre, *prædium rusticum*, et un but commun, la mise en culture de ce fonds. Mais de la ressemblance faut-il conclure à l'identité ?

Et d'abord qu'est-ce que le bail à ferme ? C'est un contrat par lequel une personne (*locator*) s'engage à procurer à une autre (*conductor*), la jouissance d'un fonds de terre pendant un temps déterminé et moyennant un prix en argent déterminé ou moyennant une quantité de fruits fixée à l'avance.

Et maintenant qu'est-ce que le colonat partiaire ? C'est un contrat par lequel le propriétaire donne son fonds de terre à cultiver au colon et s'engage à abandonner à celui-ci, en rémunération de son travail, une quotité proportionnelle de fruits : la moitié, le tiers, le quart.

Il résulte de la première de ces deux définitions

qu'un des éléments essentiels du bail à ferme, c'est le prix, prix en argent, prix véritable, que le fermier s'engage à payer au propriétaire en échange de la jouissance que celui-ci lui procure.

Dans le colonat partiaire, au contraire, il n'y a pas de prix ; le colon ne paye pas de prix au propriétaire, tous les deux partagent les produits du fonds ; ils ne se doivent et ne se donnent rien l'un à l'autre ; chacun d'eux prélève, *de son chef*, dans la totalité de la récolte, la part qui a été déterminée. Bref, il y a un partage effectué, il n'y a pas de prix payé.

Les nombreuses et importantes différences qui séparent ces deux contrats, en apparence si voisins, le bail à ferme et le colonat partiaire, seront plus loin recherchées et signalées avec le soin qu'elles méritent. Pour le moment, je me borne à relever cette différence essentielle qui empêche toute assimilation.

C'est qu'en effet, il faut de toute nécessité, pour qu'il y ait louage, qu'il y ait un prix. Gaïus le dit de la façon la plus explicite. *Nisi enim merces certa statuta sit, non videtur locatio et conductio contrahi* (1), et Justinien insiste pareillement sur ce point : *Nam ut emptio et venditio ita contrahitur, si de pretio convenerit, sic etiam locatio et conductio ita contrahi intelligitur, si merces constituta sit* (2).

Et non-seulement il faut qu'il y ait un prix et que ce prix soit certain, mais il faut encore que ce prix certain soit déterminé à l'avance, *merces certa statuta*. Si bien que l'on se réserve de fixer plus tard le prix, il

(1) *Institutes* c. *III.*§ 143.
(2) *Institutes. Lib. III, t. XXIV.*

n'y a plus louage, mais contrat inommé (1), sanctionné par l'action *præscriptis verbis*.

Si l'existence d'un prix est si impérieusement exigée pour constituer la *locatio-conductio*, il faut bien convenir qu'il est impossible de faire du colonat partiaire un louage. C'est ce que les commentateurs, qui ont traité ces matières, ont fort bien compris et fort bien mis en lumière. « Societas, dit Barthole (2), dicitur cum colono » partiario, sed locatio cum colono qui nummis colit. »

Cum partiario colono, dit Cujas (3), *non contrahitur locatio, sed societas; nam locatio fit mercede non partibus rei.*

Ces dernières expressions formulent, d'une manière saisissante, la différence que je signale. Dans un cas, il y a un prix; dans l'autre, il y a un partage.

Le président Favre, qui cependant paraît adopter sur ce point une opinion que j'ai combattue, lorsqu'il semblait conclure à une assimilation entre le colonat partiaire et le contrat inommé, n'en signale pas d'une manière moins énergique la différence qui sépare le colonat partiaire du louage. *Ego fateor quidem, ex locato conducto agi non posse, cum non sit locatio, non interveniente pecunia* (4).

C'est donc là un point qui ne saurait plus être douteux. Aussi n'est-ce pas sans étonnement que j'ai vu

_____

(1) *Si..... eo animo negotium gestum fuerit, ut postea tautum mercedis nomine daretur quantum inter nos statutum sit, placet quas de novo judicio in factum dandum esse judicium, idest præscriptis verbis.* (Gaïus. *Lib. X. ad edictum provinciale.*)

(2) Sur la loi 25 au D. *loc. con l.*

(3) Sur la loi 13, § 1. *Dig. Præscrip. verb.*

(4) *Loc citat.*

Cujas, dont l'opinion si nettement exprimée vient d'être rapportée, y apporter plus loin une restriction et proposer une distinction difficile à justifier. Voici ces paroles :

« Coloni partiarii sunt qui partem fructuum domino
» conferunt, reliquam sibi retinent. Hi non sunt proprie
» conductores, sed potius socii. Plinius tamen, lib. 9
» epistolarum hoc genus contractus locationem vocat,
» dum ait si *non nummo* sed *partibus* locent. Et sane eri
» locatio, si animus contrahendæ locationis fuerit, et ac-
» tio ex locato, non pro socio. Nam locatio contrahitur,
» non tantum certo pecuniæ numero, sed et earum cœre-
» rum quæ pondere et mensurâ constant certâ. »

Le texte de Pline, qui semble modifier la pensée première de Cujas, est tiré de la lettre XXXVII, au livre 9, dont j'ai déjà cité une partie. « Medendi una ratio » dit Pline, après avoir signalé le mauvais état de ses domaines : « *si non nummo sed partibus locem*, ac deinde ex meis » aliquos operis exactores, custodes fructibus ponam. »

Pline emploie une expression juridique inexacte, qui devait cependant être familière à Rome comme elle l'est chez nous; mais comment expliquer que, chez Cujas, une erreur dans l'expression ait pu engendrer une erreur dans les principes, et lui faire oublier ce qu'il avait si bien dit lui-même, à savoir que le louage se forme *mer-cede, non partibus*? En quoi cela justifie-t-il la distinction proposée, qui consistera à rechercher si les parties ont eu oui ou non l'intention de contracter une louage? Qui ne voit d'ailleurs que cette intention, impossible à discerner en fait, sera impuissante à modifier la nature juridique du contrat ?

Enfin, il est manifeste que, dans sa dernière phrase,

Cujas commet une erreur plus grande encore, en citant comme un exemple de colonat partiaire une espèce qui constitue évidemment un bail à ferme. L'erreur provient sans doute de ce que souvent, dans ce dernier contrat, le prix au lieu de consister en une somme d'argent, consistera dans une *quantité fixe de fruits*, mais il y a toujours un prix, prix assuré et invariable, tandis que dans le colonat partiaire, il n'y a pour chacun des contractants qu'une part éventuelle et proportionnelle à la part de l'autre.

La même raison qui m'a empêché de voir dans le colonat partiaire une forme du bail à ferme, m'empêchera d'y voir une forme du louage d'ouvrage.

IV

Le colonat partiaire est une société

Si le colonat partiaire n'est un contrat inommé, s'il n'est pas un louage, il ne peut qu'être une société. Car s'il n'en était pas une, et si, à ce titre, il n'était pas garanti par l'action *pro socio*, comme il ne peut l'être ni par l'action *prescriptis verbis*, ni par l'action *locati*, il demeurait sans action, ce qui ne peut pas être.

Du reste, l'idée de société se présente naturellement à l'esprit quand on envisage le contrat qui nous occupe. Le propriétaire et le colon mettent en commun l'un la jouissance de son fonds de terre, l'autre son travail, dans la vue de partager les bénéfices. Et il me semble que l'on est d'autant plus fondé à voir dans une pareille con-

vention les caractères du contrat de société que les textes
nous enseignent que l'action *pro socio* était donnée dans
des cas où l'idée de société était à peine apparente.

C'est ainsi que Jullien (1) accorde l'action *pro socio*
dans l'espèce suivante: « Si puerum docendum, vel pecus
» pascedum tibi dedero vel puerum nutriendum, ita ut,
» si post certos annos venisset, pretium inter nos com-
» municaretur.... competit pro socio actio. » Cette décision est rapportée par Ulpien, qui l'approuve. Or, ici je
dis que rien ne révèle l'idée de société, et que de plus,
l'un des caractères essentiels de ce contrat, le risque, la
chance de perte, est faiblement accusé, du côté du propriétaire tout au moins.

Mais voici une autre espèce où l'action *pro socio* est
pareillement donnée et où cependant, ce caractère
nécessaire de la société fait complètement défaut pour
l'une des parties.

« Si, dit Ulpien (2), margarita tibi vendenda dedero,
» ut, si ea decem , vendidisses , redderes mihi decem,
» si pluris , quod excedit tu heberes , mihi videtur , si
» animo contrahendæ societatis id actum sit, pro socio
» esse actionem , si minus , præscriptis verbis. » Il est
vrai que l'attribution de l'action *pro socio* est subordon-
née à cette condition que les parties aient agi *animo
contrahendæ societatis*. Mais il ne résulte pas moins de
ce texte que l'on sanctionnait l'intention que les parties avaient eue de former une société, bien qu'elle eussent écarté un élément nécessaire de ce contrat , à savoir le risque pour le propriétaire qui n'existe pas ,

(1) Lib. XI. D. l. 13 § 1.
(2) 44 D. *Pro socio*. XVII. 2.

puisque le propriétaire, quoiqu'il arrive, aura toujours dix.

Si l'on admettait si facilement l'intention de contracter une société, cette intention pouvait-elle être méconnue dans le colonat partiaire qui, bien mieux que toutes les espèces citées, s'adapte exactement au cadre de la société et en revêt tous les caractères ? Evidemment non; c'est pourquoi, si rares que soient les textes relatifs à notre contrat, il en est deux qui confirment, d'une façon explicite, la thèse que je défends. Le premier est un passage de Gaïus, auquel il a été fait allusion plus haut.» Vis » major, dit ce jurisconsulte (1), quam Grœci θεοῦ Βίαν » id est, vim divinam appellant, non debet conductori » damnosa esse, si plus, quam tolerabile est, læsi fue- » rint fructus .. Apparet autem de eo nos colono dicere » qui ad pecuniam certam conduxit : alioquin partia- » rius colonus, *quasi societatis jure* et damnum et lu- » crum cum domino fundi partitur. »

Ici ce n'est que l'idée de quasi-société. Voici mainte- nant le caractère de société véritable expressément at- tribué au colonat partiaire. « Si in coeundâ societate, » artem operamve pollicitus est alter, veluti cum pecus » in commune pascendum, *aut agrum politori damus in* » *commune quœrendis fructibus* (2).» C'est clair et c'est formel. On veut donner un exemple de société où l'ap- port de l'un des associés consiste dans son travail ou son industrie, et l'on cite le colonat partiaire. Cette forme d'exploitation est bien expressément indiquée par ces mots : *cum agrum politori damus in commune quœren-*

---

(1) *Lib.* 26, § 6. *D.* *locat.cond.*
(2) L. 52. § 2, D. *Pro socio.*

dis fructibus, car, il faut le remarquer, l'expression de *politor*, qui est synonyme de *colonus partiarius*, était pour ainsi dire l'expression consacrée, la plus anciennement usitée, celle dont se servait notamment Caton (1).

Il n'est donc pas surprenant que la majorité des interprètes se soit ralliée à cette doctrine. Je citerai notamment Barthole (2). « Tertio nota quod inter colonum par-
» tiarium et dominum non est locatio sed societas, nam
» dominus ponit terram et alius operas in quærendis
» fructibus. »

« Inter colonum partiarium et dominium, dit Fa-
» chin (3), locationis contractus non est proprie, sed
» potuis societatis. »

Enfin, j'ai déjà rapporté les paroles de Cujas (4):
» Cum colono partiario, non contrahitur locatio, sed
» societas. »

Voët se prononce dans le même sens : « Quod si non
» certa fructuum ponderatio, sed portio pro rata ejus,
» quod in fundo mascetur, dimidia forte vel tertiâ, so
» constituta fuerit, colonus partiarius dicitur, magisque
» conventio talis ad societatem quam ad conductio-
» nem accedit (5). »

Enfin, Godefroy dit d'une manière plus explicite encore : « In eo casu servatur idem quod in sociis, et ita
» hic contractus (le colonat partiaire) non transit in he-
» redem coloni (6). »

---

(1) V. Chap. 1er.
(2) Sur la loi *Si merces*, § *vis major*, D. *locat.cond.*
(3) *Cont. lib.* 1, c. 82.
(4) Page 37.
(5) *Pand.* lib. XIX, t. II, § 8.
(6) *D. Pro socio*, 1.52, § 4.

Après de pareilles autorités, le doute ne paraît plus possible. Quelle objection, d'ailleurs, pourrait-on faire à cette doctrine si généralement admise?

Dira-t-on, à l'exemple du président Favre que le colonat partiaire ne saurait être assimilé à la société parce qu'il ne renferme pas un des éléments de ce dernier contrat, la *lucri et damni communio*. A mon avis, cette *lucri et damni communio*, cette communauté de gains et de pertes, est au contraire le principe constitutif et essentiel du colonat partiaire. C'est là qu'il faut chercher la raison d'être de ce contrat, son explication historique; c'est là enfin qu'il faut puiser le secret des services qu'il a rendus, comme des inconvénients qu'il offre, de son mérite comme de son vice économiques. C'est précisément sur ce *risque* que repose la combinaison du partage des produits appliqués à l'exploitation du sol, et c'est parce qu'il ne se sent pas assez fort pour affronter tout seul ce risque que le cultivateur, au lieu de conclure un bail à ferme, a adopté l'exploitation moyennant un partage de fruits. Nulle part, mieux que là, l'éventualité heureuse comme l'éventualité malheureuse affectera chacun des deux contractants, nulle part, par conséquent, la *lucri et damni communio* n'est plus réelle, plus intime, plus évidente. Là, pourrait-on dire, est le colonat partiaire tout entier.

Enfin, la thèse que je soutiens serait-elle infirmée par ce fait que la société étant dissoute par le décès de l'un quelconque des associés, et le colonat partiaire ne l'étant que par la mort du colon, il existe entre ces deux contrats une dissemblance radicale qui proteste contre toute assimiliation? Non, assurément.

Sans doute, en principe, la mort de l'un quelconque des associés met fin à la société (1). Mais est-il de l'essence de la société, qu'il en soit ainsi? C'est ce qu'il faudrait prouver. Or, le texte de Pomponius que je viens d'indiquer cite précisément un exemple où la société n'est pas dissoute par le décès de l'un de ses membres.

Ces choses dites, je crois ma proposition suffisamment démontrée : *le colonat partiaire est une société*. A la rigueur, on pourrait s'en tenir là dans l'étude de ce contrat. Sa nature définie, son caractère précisé, le reste va de soi. C'est le principe qu'il importe de mettre en lumière; les corollaires en découlent facilement.

Il convient toutefois d'examiner (mais brièvement, car tout cela a déjà été indiqué), les conditions d'existence du contrat, les obligations qu'il entraîne et enfin les actions qu'il engendre.

En parcourant ces trois ordres d'idées, j'appliquerai en général, au colonat partiaire, les règles de la société; mais non pas toutes, sans exception. Sans doute, par sa nature intrinsèque ce contrat est une société; mais par la nature de l'objet auquel il s'applique, il a avec le bail à ferme plus d'un trait de ressemblance, et l'on verra que pour étudier les principes qui le régissent, nous devrons faire de fréquents emprunts à ce dernier contrat.

Cela étant, il importe de rechercher en détail par où notre contrat touche au bail à ferme, et par où il s'en sépare, et en second lieu, par où il touche à la société et par où il s'en sépare.

---

(1) L. 59, *Pomponius*. D. *Pro socio*, et plusieurs autres textes.

V

Le colonat partiaire emprunte cependant quelques-unes de ses règles au bail à ferme

Nous avons défini le bail à ferme : un contrat par lequel le propriétaire s'engage à procurer au fermier la jouissance d'un fonds de terre, pendant un certain temps, et moyennant un prix déterminé, en argent ou en denrées.

Si j'analyse cette définition, j'y trouve les trois éléments que voici :

1° Le propriétaire donne son domaine *à faire valoir*;

2° Il s'engage à en procurer *la jouissance* au fermier;

3° Il stipule à son profit *le paiement d'une redevance fixe.*

Le colonat partiaire est un contrat par lequel le propriétaire donne son fonds de terre à cultiver au colon, sous la condition de partager avec celui-ci les fruits que produira le fonds, dans la proportion déterminée.

Décomposée comme la précédente, cette définition, renferme pareillement trois éléments :

1° Le propriétaire donne son fonds de terre à faire valoir;

2° Il en confie la culture au colon;

3° Il s'engage à partager les fruits avec le colon.

Comparons les deux définitions : dans les deux contrats, il y a un élément commun, l'objet, la mise en culture du fonds. Mais tandis que dans le bail à ferme, le propriétaire s'engage à procurer au fermier la jouissance ; il se borne, dans le colonat partiaire, à procurer au colon les moyens de cultiver ; et tandis que, dans le premier cas, il y a prix payé par le fermier, dans le second, il y a partage des fruits.

Ainsi donc, dans le bail à ferme, pour le bailleur :

Obligation de faire jouir ;
Droit au prix ;
Pour le preneur :
Droit de jouir ;
Obligation de payer le prix.
Dans le colonat partiaire, pour le propriétaire :
Droit à ce que le fonds soit cultivé ;
Obligation de partager avec le colon ;
Pour le colon :
Obligation de cultiver ;
Droit au partage des fruits.

Les différences sont maintenant apparentes :

Première différence. — Le fonds de terre est donné *à jouir* au fermier, il est donné *à cultiver* au colon partiaire ; de ce principe, découlent les conséquences suivantes :

Le fermier, ayant une jouissance absolue, peut sous-louer le fonds, à moins, toutefois, que cette faculté ne lui ait été expressément retirée ; le colon partiaire, obligé de cultiver par lui-même, n'a jamais cette faculté. Cette dissemblance est en outre justifiée par cette raison que dans le colonat partiaire, le propriétaire, directement intéressé, au succès de l'exploitation, n'a traité avec le colon qu'en considération de ses qualités personnelles.

Deuxième différence.— Dans le bail à ferme, il y a un *prix* ; dans le colonat partiaire, il n'y en a pas.

D'où cette conséquence capitale que n'ayant pas de prix à payer, le colon partiaire ne jouira pas du droit accordé au fermier de demander une réduction du prix à raison de la perte de la récolte (1).

On comprend la raison de cette différence : le propriétaire ne souffre pas moins que le colon de la perte de la récolte, puisque suivant que cette perte sera partielle ou totale, la portion de fruits à laquelle il a droit se trouvera amoindrie ou réduite à rien.

D'où l'on peut conclure que les pertes résultant des cas fortuits sont supportées également par les deux contractants, de même que les bénéfices sont partagés également entre eux, à la différence de ce qui est dans le bail à ferme.

Troisième différence. — Le colonat partiaire est fait *intuitu personæ*. Il renferme l'idée *d'electa industria*.

D'où il résulte : 1° que le colonat partiaire prendra fin par la mort du colon, tandis que le louage des choses n'est éteint ni par la mort du *locator*, ni par celle du *conductor* ; 2° que sans importance dans le premier de ces contrats, l'erreur sur la personne du colon, viciera le second; 3° qu'au point de vue des fautes, la responsabilité du fermier sera plus étroite que celle du colon partiaire.

Voici maintenant en quoi les deux contrats se ressem-

(1) V. le texte de Gaïus, cité pag. 11.

blent : tous les deux exigent que le propriétaire délivre le fonds muni de tous les capitaux nécessaires à l'exploitation, *fundum instructum*, et qu'il l'entretienne ; seulement, tandis que dans le bail à ferme il est tenu d'en procurer la jouissance au fermier en s'en dessaisissant lui-même, il devra seulement, dans le colonat partiaire, mettre cette jouissance en commun tout en contrôlant et en dirigeant même, dans une certaine mesure, son travail.

De même aussi, le colon partiaire, comme le fermier, répond de son dol et de la faute (seulement l'un répond de sa faute envisagée *in concreto*, l'autre *in abstrato*). Comme lui, il doit cultiver selon les règles de l'agriculture et les usages locaux ; avertir le propriétaire des troubles et des usurpations qui ne peuvent être connus *que de celui qui cultive* ; enfin restituer le fonds dans l'état où il a reçu.

Mais ce sont là les seules règles qui soient communes à ces deux contrats ; sur tous les autres points, ce sont les principes de la société qu'il faut appliquer au colonat partiaire.

VI.

Comment se forme le colonat partiaire et quels éléments il renferme.

De ce qu'il est une société, je conclus que le colonat partiaire est un contrat consensuel, synallagmatique et de bonne foi, découlant du droit des gens et non du vieux droit quiritaire, et donnant naissance à des obligations réciproques, qui, loin d'être strictement déterminées par les formules mêmes de la convention, comme dans la stipulation, sont réglées par les principes de l'équité et de la bonne foi. De même, il faudra pour son existence, la réunion des trois éléments qui constituent la société :

1° Le consentement des parties ;

2° Un apport fourni par chacun des co-associés. Cet apport pourra consister en meubles, en immeubles, en une somme d'argent, ou bien encore dans l'industrie de l'un des associés (1).

Tel sera l'apport du colon dans le colonat partiaire. Il consistera dans son travail et son industrie agricole (2), car, comme le dit très-bien Justinien aux *Institutes* (3), sœpe alicujus opera pro pecunia valet.

Quant à l'apport du maître, ce sera la jouissance même du fonds de terre dont l'exploitation est le but et l'objet du contrat. L'apport est ici déterminé; il ne pourrait pas être autre, sans quoi le colonat partiaire disparaîtrait. Ce que le propriétaire doit mettre en commun, c'est la jouissance d'un fonds de terre, c'est-à-dire un bien rural destiné à l'exploitation.

Mais comment distinguer un bien rural des autres biens ? Un domaine par exemple qui renferme à la fois des terres et des bâtiments est-il un bien rural ou une habitation ? On doit, à cet égard, consulter l'intention des parties et appliquer la règle que l'accessoire suit le

---

(1) *Societas autem coiri potest et valet etiam inter eos, qui non sunt æquis facultatibus, cum plerumque pauperior opera suppleat, quantum ei per comparationem patrimonii deest. D. pro socgio. 5.*

(2) *Si in coeunda societate, artem operamve pollicitus est alter.* — (*D. ibidem. 31.*)

(3) *Lib. III, t. XXV, § 2.*

principal. Le bien est rural et susceptible par conséquent d'être exploité moyennant un partage de fruits , lorsque, en contractant , les parties ont eu principalement en vue l'exploitation, la mise en culture du fonds; car alors, dans leur pensée, les bâtiments ne sont que l'accessoire des terres et ne constituent que des bâtiments d'exploitation.

3° Une communauté d'intérêts dont le but soit de partager les bénéfices comme de subir les pertes.

Cette idée s'applique encore au colonat partiaire: bien plus j'ai montré qu'elle renfermait le principe même qui le constitue et le différencie des contrats voisins, en sorte qu'on peut dire qu'il est là défini tout entier. Et c'est pourquoi j'ai combattu l'opinion du président Favre (1), qui refusait de voir des associés dans le maître et le colon parce qu'il niait qu'ils fussent unis par cette *lucri et damni communio.*

Si donc ce partage des bénéfices, c'est-à-dire des produits est ici essentiel, il faudra que l'on détermine à l'avance dans quelle proportion il sera effectué. Que si on a omis de le préciser, il faudrait peut-être appliquer à notre matière la règle que donne Ulpien (2). *Si non fuerint partes societatis adjectæ, æquas eas esse constat.* Toutefois, il me semble préférable , en pareil cas, de s'en référer à l'usage des lieux ; car si nous en croyons Caton (3), la présomption de partage par moitié eut heurté les habitudes romaines.

D'ailleurs, que les parts puissent être inégales en

(1) *Loc citat.*
(2) *Lib.* 20 *Ad. Sabinum. D. pro socio.*
(3) *Loc citat.*

droit, c'est ce dont il n'est pas permis de douter (1), et
qu'en fait elles le fussent, c'est ce que Caton atteste lorsqu'il nous dit que de son temps le colon n'avait d'habitude que le cinquième des fruits.

Du reste, les contractants, au lieu de fixer eux-mêmes les parts, pouvaient remettre cette fixation à l'ar-
bitrage d'un tiers, et la décision de ce tiers devait être
suivie, à moins qu'elle ne fût manifestement contraire
à l'équité (2).

Mais ce qui est nécessaire, ce qui est de l'essence du
contrat, société ou colonat partiaire, c'est que chacune
des parties soit exposée à un *alea* de perte ou de gain.

Enfin, le caractère léonin, qui rendait nulle la société,
ne pourra pas se rencontrer dans notre contrat. Ici, en
effet, s'il n'y a pas gain, il y a nécessairement perte;
et, s'il y a perte, c'est-à-dire absence de récolte ou
mauvaise récolte, il n'y a de gain possible ni pour l'une
ni pour l'autre des parties.

Chacun perdra, le colon perdra son travail, qui ne se
trouvera pas rétribué ou insuffisamment retribué; le
propriétaire perdra le revenu de son fonds de terre qui
sera nul, ou inférieur à ce qu'il devrait être.

_____

(1) *Si vero pla uerit, ut quis duas partes, vel tres habeat, alius unam; an va eat? Plac t valere. D. Pro socio* 29.
(2) *D. Pro socio* 76.

VII

Obligations du propriétaire. — Obligations du colon

Le propriétaire est obligé à réaliser son apport, c'est-à-dire *à mettre en commun la jouissance* ; pour que cette jouissance soit commune entre lui et le colon, il faut qu'il délivre le fonds, qu'il l'entretienne et , même ajouterai-je, qu'il en fasse jouir le colon, dans la mesure où il est nécessaire de jouir pour pouvoir cultiver.

Ici, on le voit, j'applique au colonat partiaire les règles du bail à ferme. A qui nous accuserait en cela d'être inconséquents, on pourrait répondre : Dans le colonat partiaire le propriétaire doit la jouissance à la société. C'est son apport. Or, lorsque le droit n'atteint que la jouissance, les principes du droit offrent deux sources où l'on peut puiser : *l'usufruit* et le *louage*. Dans l'usufruit, le nu-propriétaire est tenu seulement de laisser jouir l'usufruitier, *pati frui* ; dans le louage, au contraire le bailleur est tenu de faire jouir le preneur, *præstare uti fruti*. D'un autre côté, nous savons que c'est à titre d'apport que le propriétaire doit la jouissance ; or, faire l'apport, n'est pas un fait inerte, purement passif, comme *pati frui* ; mettre en commun, qui est le devoir de l'associé, répond parfaitement à l'obligation *præstare uti frui*. D'où je conclus que ce n'est pas à l'exemple du nu-propriétaire, mais à l'exemple du bailleur, que le maître doit fournir à la société la jouissance de son fonds.

Après avoir indiqué la mesure de son obligation, il faut dire comment il la remplira. Il devra délivrer au colon les terres et les bâtiments dont se compose le fonds : les bâtiments doivent être garnis, sauf convention expresse du contraire, de tous les ustensiles nécessaires à l'exploitation , suivant l'usage des lieux. Ulpien énumère parmi ces ustensiles les pressoirs, cuves et autres objets nécessaires à la vendange, les moulins à olives, ainsi que les meules à roue, poulies, cordages et treuils à l'aide desquels on les faisait fonctionner (1). Remarquons en passant qu'en droit français, sauf convention contraire, convention il est vrai très-fréquente, c'est au fermier à garnir la ferme des instruments aratoires et de tous les objets nécessaires à la culture : En droit romain, c'était le contraire. « Hæc omnia, ajoute Ulpien, » sic sunt accipienda nisi si quid aliud specialiter actum » sit. »

Les bâtiments, les terres, les instruments fournis par le maître doivent être en bon état de service, *non vitiata*. Quant aux vices de la chose, je crois que le maître n'en devait être tenu que lorsqu'il en résultait un obstacle sérieux pour l'exploitation, lorsqu'enfin la chose devenait impropre à l'usage auquel elle était destinée, c'est-à-dire à être cultivée. Dans ce cas, le maître n'avait pas, en réalité, effectué son apport et le colon pouvait agir contre lui. La société pouvait être dissoute pour ce motif, et le colon indemnisé de la perte qu'il subissait.

On raisonne ainsi dans l'hypothèse où le maître était de bonne foi, c'est-à-dire ignorait le vice qui constitue

---

(1) L. 19, § 2. D. *loc. cond.*

l'obstacle à la culture. Mais s'il le connaisait et s'il avait été par conséquent de mauvaise foi au moment du contrat, le colon avait droit, en outre de la réparation du préjudice par lui subi, à des dommages-intérêts. C'est ce qui résulte d'un texte d'Ulpien (1), relatif au bail à ferme, mais donc l'extension au colonat partiaire me paraît légitime.

Et s'il était de mauvaise foi, le maître était tenu, bien que le vice ou la cause d'éviction fût né postérieurement au contrat. Si donc, le maître vendait le fonds sans stipuler le maintien du colon, et que le colon, que son droit personnel ne protégeait plus vis-à-vis du nouvel acquéreur, fût expulsé, Gaïus (2) donne au colon, le droit d'agir pour tout le dommage éprouvé par lui. Je crois pareillement que cette décision doit être appliquée au colonat partiaire.

Comme exemple de troubles procédant d'une cause antérieure au contrat, les jurisconsultes citent, en matière de louage, le cas où le locateur aurait donné à bail le fonds d'autrui, et où le propriétaire aurait ensuite revendiqué le fonds et expulsé le fermier. Paul (3), d'après Proculus, décidait que le locateur était tenu, même en cas de bonne foi, d'indemniser le fermier. Ulpien (4), rapportait, sur ce point, l'avis conforme de Pomponius,

---

(1) *Aliter atque si saltum pascuum locati in quo mala herba nascebatur ; hic enim si pecora vel demortua sunt, vel etiam deteriora facta quod interest præstabitur, si scisti; si ignorasti, pensionem non petes Et ita Servio, Labeoni, Sabino placuit.* (L. 19, § 1. D. *loc cond.*)

(2) L. 25, § 1, D. *loc. cond.*

(3) L. 15, § 8. D. *loc. cond.*

(4) L. 9, D. *loc. cond.*

en y ajoutant un tempéramment : le locateur devait se
contenter d'une autre maison aussi commode pour lui,
si le locateur lui en offrait une et qu'il fût d'ailleurs de
bonne foi.

Il est à peine besoin de dire, que ce tempéramment
me paraît inapplicable aux conductions rurales en
général, pour lesquelles la stabilité constitue assurément
la première condition de prospérité.

Remarquons enfin que le maître ne serait pas tenu si
le vice provenait non de la chose elle-même, mais du
fait d'un tiers. C'est donc à bon droit, que l'empereur
Philippe (1) exonère le bailleur de toute responsabilité
dans le cas où des voleurs, sortant de la forêt voisine,
ont pillé les champs; *a fortiori*, en est-il ainsi dans notre
contrat.

OBLIGATIONS DU COLON. — Le colon qui apporte à la
société son travail, son industrie, est tenu de cultiver le
fonds, il doit accomplir, en temps opportun, les travaux
qu'exige la culture, et veiller au bon entretien des terres
et des bâtiments (2).

Le fermier, on l'a déjà vu plus haut, répondait de
toute faute que n'aurait pas commise un cultivateur
très-attentif, *diligentissimus* (3). Il ne suffisait donc pas
qu'il apportât à l'exploitation et à la garde du fonds, le
même soin qu'à ses propres affaires, à moins qu'il ne
fût très-bon administrateur. C'était suivant ce type
abstrait que l'on examinait sa responsabilité.

(1) L. 12, D. *loc. cond.*
(2) L. 25, § 3. D. *loc. cond.*
(3) L. 25. § 7. D. *loc. cond.*

Il en est autrement du colon partiaire, qui répond bien
de son dol et de sa faute, mais de sa faute envisagée *in
concreto*. « Sufficit enim, dit Justinien, talem diligentiam
» in communibus rebus adhibere socium, qualem suis
» rebus adhibere solet. » Et la raison en est fort juste :
« Nam qui parum diligentem socium sibi adsumpsit, de
» se queri debet. » C'est une conséquence du principe de
l'electa industria.

C'est donc à ce point de vue qu'il faudra se placer
pour décider si, dans telle espèce donnée, la responsabilité du colon sera engagée.

Ainsi Gaïus (1) décide que le fermier sera responsable des dégradations commises sur le fonds par ses
ennemis particuliers, parce qu'il est, dit-il, coupable
d'avoir attiré sur lui la haine et la vengeance d'autrui.
Je ne crois pas que, dans ce cas, la faute soit suffisamment
caractérisée pour qu'elle puisse être imputée au colon.

J'adopte la solution contraire dans l'espèce suivante,
rapportée par Ulpien (2). Le fermier, qui s'était enfui
à l'approche de l'armée et dont la ferme avait été
dévastée par les soldats, était tenu, si l'on prouvait
qu'en résistant aux soldats, il aurait pu empêcher le
dommage. Ici, la faute est sensible, et pour être *in
omittendo*, elle n'en est pas moins certaine.

Mais il est bien entendu que, pas plus du reste que le
fermier (3), le colon partiaire ne répondait jamais des
cas fortuits, à moins que le cas fortuit ne fût la consé-

(1) L. 25, § 4, D. *loc. cond.*
(2) L. 13, § 7, D. *loc. cond.*
(3) L. 28, Code, *loc. cond.*

quence d'une faute précédemment commise par lui.
Ainsi, si le fermier avait laissé dans la ferme une matière
facilement inflammable et si cette matière avait allumé
un incendie, Ulpien (1) déclare qu'il doit répondre de
l'incendie. Cette solution est sans doute susceptible d'être
étendue à notre contrat, à la condition cependant que
l'imprudence soit suffisamment caractérisée.

Mais je n'hésite pas à repousser comme inapplicable
au colonat partiaire la décision d'Ulpien (2) qui pensait,
avec Pomponius, que le seul fait d'avoir admis dans la
ferme l'esclave qui y avait mis le feu rendait le fermier
responsable.

Tout au plus pourrait-on dire que le fait, de la part
du colon, d'avoir employé aux travaux de l'exploitation
un esclave mal noté et connu par ses méfaits pouvait
le rendre responsable du dommage causé par cet esclave.

Enfin, lorsque ce n'est pas seulement une faute, mais
un dol qu'on peut reprocher au colon, s'il a, par exemple, brûlé volontairement les bâtiments de la ferme, on
peut dire, en étendant une décision de Marcellus qui n'a
trait qu'au louage d'un esclave ou d'une chose mobilière,
que le colon serait tenu de payer, non pas la somme
qui serait déterminée par le juge, mais celle qui aurait
été fixée sous serment par le propriétaire comme l'équi-
valent du dommage qu'il prétend éprouver.

Enfin, à la dissolution du contrat, le colon partiaire
devait non pas restituer mais laisser le fonds dans l'état
où il l'avait trouvé à son arrivée; il devait notamment

(1) L. 11, § 4, D. loc cond.
(2) L. 11, D. loc. cond.

restituer en bon état , tous les instruments d'exploitation qui lui avaient été confiés; à moins toutefois qu'ils n'eussent été estimés , car Proculus, d'après Pomponius et Paul, admettait que l'estimation en valait vente, comme dans le cas de constitution de dot.

Cette énumération des obligations réciproques du maître et du colon est loin d'être complète. Ces obligations variaient suivant les accords. Parfois même , leur étendue ne devait pas être facile à préciser. C'étaient là des points que le juge investi , par la formule de l'action , de pouvoirs étendus et multiples, devait résoudre suivant les inspirations de l'équité. Il suffit ici d'avoir dégagé le principe théorique qui donne la mesure des droits de chacune des parties et partant des obligations de l'autre.

Pour éviter les redites, je renvoie les détails à la seconde partie de ce travail.

VIII.

Comment s'éteint le colonat partiaire?

Après une incursion momentanée à travers le titre du louage, nous voici revenus à la société, et c'est à ce contrat que nous emprunterons les modes d'extinction du colonat partiaire.

« Societas, dit laconiquement Ulpien (1), solvitur ex
» personis, ex rebus, ex voluntate, ex actione. Ideo-
» que sive homines, sive res, sive voluntas, sive actio
» interierit, distrahi videtur societas. »

(1) L. 63, § 10. *D. pro soc.*

1° *Ex personis*. La mort de l'un des associés dissout la société. Voilà le principe, il est la conséquence de cette idée : *qui societatem contrahit, certam personam sibi eligit*. Il faut l'appliquer au colonat partiaire, mais il faut l'appliquer avec discernement ; quand le maître s'est associé *primus* en qualité de colon, il y a été déterminé par les qualités de *primus*, il a contracté *intuitu personæ*, donc l'idée, *certam personam sibi eligit* se retrouvant ici, il faudra dire que le colonat prend fin par la mort du colon.

Celui-ci au contraire, en prenant à colonage le fonds de *secundus*, n'a pas été déterminé par les qualités de *secundus* ; en quoi les qualités de *secundus* peuvent-elles modifier les avantages qu'il retirera du contrat. Ces avantages il les devra uniquement à son travail. Aussi ce qu'il considère avant de se lier, ce n'est pas la personne du maître, c'est la fertilité du fonds, ce sont les conditions du partage, etc. C'est pourquoi je dis que le colon contractant *intuitu negotii* et non *intuitu personæ*, l'idée *certam personam sibi eligit* disparaît, et j'en conclus que le colonat ne prend pas fin par la mort du maître.

Mais alors, dira-t-on, le colonat subsistera entre les héritiers du maître et le colon ! Or, les textes nous apprennent que la nature de la société exige si impérieusement qu'elle soit dissoute par le décès de l'un quelconque des associés, que l'on ne pouvait convenir à l'avance qu'elle subsisterait entre le survivant et les héritiers du décédé. « Nec ab initio pascici possumus ut heres » etiam succedat societati (1). »

Que cela soit de la nature de la société, je le concède,

---

(1) L. 59 fr. Pomponius. D. *pro soc*.

mais que cela soit de son essence, c'est ce que ne permettent pas de dire plusieurs textes (1) qui, en traitant de
la *societas vectigalis*, la font survivre au décès de l'un des
associés et continuer avec les héritiers du décédé.

Il en est de cette société comme du colonat partiaire, au
point de vue du colon bien entendu. Il n'y pas eu élec-
tion de personne, donc la société survivra au sociétaire :
cessante causâ, cessat effectus.

Au décès du colon, il faut ajouter comme cause de dissolution de la société et du colonat partiaire, la grande
et la moyenne *capitis deminutio* et la *publicatio* éprou-
vées par le colon. Celui qui les subit est réputé mort,
pro mortuo habetur (2).

2° *Ex rebus.* Le colonat partiaire prendra fin par la
perte du fonds, évènement assez rare, ou par la résolution du droit du maître, évènement plus fréquent, dont
Ulpien (3), d'après Marcellus, rapporte l'exemple suivant : c'est le cas où un usufruitier ayant loué pour
cinq ans le fonds dont il avait l'usufruit, mourait dans
l'intervalle. Expulsé par le nu-propriétaire, le fermier
n'avait droit à aucune indemnité par la raison que le
droit de son locateur étant résoluble, il avait dû prévoir
cette expulsion éventuelle. Mais il en eut été autrement
si le locateur l'avait trompé en traitant avec lui comme
plein propriétaire.

Enfin, le bail à ferme était résolu par la vente du
fonds, faite sous réserve des droits du fermier. Ces di-

---

(1) Notamment. L. 59 et 63 D, *pro soc.*
(2) Just. L. III, T. XXV, § 7.
(3) L. 9. § 1 *loc. cont.*

verses règles me paraissent de nature à être étendues
sans inconvénient au colonat partiaire.

3° *Ex voluntate.* La société finit lorsque l'un des associés exprime la volonté de n'être plus en société (1).
L'acte par lequel il notifie cette volonté à ses co-associés
se nomme *renuntiatio.* Mais il ne faut pas que cette *renuntiatio* soit faite de mauvaise foi *callide, dolo malo;*
ni même qu'elle soit faite d'une manière intempestive,
« eo tempore quo interfuit sociis non dirimi societatem. »
Paul résume les effets d'une *renuntiatio* frauduleuse ou
intempestive en disant, d'après Cassius, que celui qui
fait une telle renonciation libère ses associés envers soi,
sans se libérer envers eux. «Socium a se, non se a socio
liberat (2).»

La nature même du colonat partiaire indique comment cette règle doit lui être appliquée. Le colon n'ayant
droit aux bénéfices qu'en échange de son travail, et le
maître n'ayant droit à une part des produits de ce travail qu'à la condition d'en laisser au colon la portion
convenue, la *renuntiatio* sera de mauvaise foi et faite à
contre-temps toutes les fois qu'elle aura pour objet d'attribuer au colon des bénéfices en le déchargeant du travail, ou de lui laisser la charge du travail, en le privant
des bénéfices qui y correspondent, et l'une de ces al-
ternatives se présentera certainement toutes les fois que
la dissolution sera demandée avant l'expiration de l'année courante; car, c'est alors seulement que les travaux
se balancent avec les profits. Donc, la *renuntiatio* faite

(1) Inst. lib. III. t. XXV. § 4.
(2) L. 65, § 3 à 7. D. *pro soc.*

au milieu de l'année ne peut qu'être frauduleuse ou au moins intempestive.

4° *Ex actione.* La société s'éteint encore, et avec elle le colonat partiaire, quand l'action *pro socio* qui les sanctionne est éteinte elle-même, ce qui arrive lorsque par l'effet d'une stipulation ou de l'introduction d'une instance en dissolution de la société, il s'est opéré une novation.

5° *Ex tempore.* Aux quatres causes énumérées par Ulpien, il faut en ajouter une dernière. La société finit quand le temps pour lequel elle a été formée est expiré. Chaque associé est alors libre de se retirer, et, comme il use d'un droit, il ne saurait, par sa retraite, engager sa responsabilité.

Plusieurs textes (1) autorisent à penser que les baux à ferme étaient en général conclus pour cinq ans. Mais cet usage, que l'on ne saurait expliquer qu'en rappelant l'habitude des Romains de compter le temps par lustres, est bien difficile à concilier avec la pratique des assolements, usitée dans l'agronomie romaine, puisque Virgile (2), Caton (3) et Columelle (4) s'élèvent contre elle. J'aime mieux croire que là où la culture par assolements avait prévalu, la durée *minimum* des conductions rurales devait être de deux ou de trois ans suivant que les terres étaient assolées par tiers ou par moitié.

D'ailleurs, en ce qui concerne le colonat partiaire, la question est sans intérêt Il est en effet de la nature de

(1) *Dig.* XLVII, tit 2, lig. 69, § 4. Plin. IX. Epist. 37.
(2) *Georgiq.* lib I.
(3) Lib. I. c. 44
(4) Lib. II. c. 1.

ce contrat d'être conclu le plus souvent pour un temps indéterminé ; que si un terme a été convenu et que , à l'expiration de ce terme, le colon, au su du maître, continue à exploiter, il y aura alors non pas tacite reconduction, mais prorogation de la société, sans fixation de durée (1).

IX

Des actions qui naissent du colonat partiaire

Le colonat partiaire engendre l'action *pro socio*, action de bonne foi, qui naît directement et immédiatement de la convention et qui compète au colon comme au maître pour la poursuite de leurs obligations respectives. Et cette action est une action *pro socio* véritable. Je m'explique : quelquefois le prêteur, toujours soucieux de combler les lacunes de l'ancien droit, créait, en dehors tout à fait des actions de la loi, une action nouvelle , étrangère aux *judicia prodita* ; telles sont les actions de *constituta pecunia, de jurejurando*. D'autres fois, au lieu de créer, il étendait ; il étendait une action déjà existante à des hypothèses que la loi avait négligé de prévoir. Telle est l'action *utile* de la loi Aquilia donnée pour le cas où le dommage n'a pas été causé *corpore* (2). Or, l'action qui

(1) C'est là du moins l'opinion qu'enseigne, en droit français, M. Méglain.

(2) *Sed et eas actiones quæ legibus prolitæ sunt, si lex justa ac necessaria sit, supplet prætor in eo quod legi deest ; quod facit in lege aquilia reddendo actiones in factum accomodatas legi aquiliæ.* (L. 11 Pomponius, D. *præscrip. verb*)

découlait du colonat partiaire n'était point une sorte d'action *pro socio* utile, mais bien l'action *pro socio* véritable.

. Cette action se singularisait par deux caractères remarquables qui montrent sous quel point de vue moral les jurisconsultes romains avaient considéré le lien formé entre associés. Partant de ce principe, dit M. Ortolan (1), que ce lien établit, comme une sorte de fraternité « cum societas jus quodammodo frater-
» nitatis in se habeat, ils avaient décidé que les asso-
» ciés ne peuvent être condamnés les uns envers les
» autres que jusqu'à concurrence de ses moyens « in
» quantum facere potest. » C'est ce qu'on nomme le
» bénéfice de compétence. Et d'un autre côté, l'édit du
» préteur avait mis au nombre des personnes notées d'in-
» famie l'associé qui, poursuivi par l'action *pro socio*,
» aurait été comdamné, « qui pro socio damnatus erit. »

C'est par l'action *pro socio* que le maître comme le colon réclameront l'exécution de toutes les obligations découlant *ex œquo* et *bono* du contrat et des pactes accessoires dont on peut l'avoir entouré. C'est par elle que le maître obtiendra ces dommages-intérêts auxquels il pourrait avoir droit à raison de la non-culture ou de l'abandon du fonds ; par elle que le colon devra agir quand l'exploitation aura subi des entraves contre lesquelles il doit être garanti. C'est par cette action, enfin, que l'un et l'autre demanderont la dissolution du contrat.

Mais on comprend que l'action *pro socio* ne suffisait pas. En effet, l'acte le plus fréquent auquel maître et colon devront procéder dans le colonat, c'est le partage des

---

(1) *Explic. hist. des inst. société.*

fruits. Or, nous avons dit que c'était là un véritable partage, c'est-à-dire que le maître comme le colon prélevait
de son chef la part à laquelle il avait droit dans la totalité des fruits. En sorte que cette part de fruits n'était
pas due par l'un à l'autre, qu'elle n'était pas payée par
l'un à l'autre, qu'elle ne passait pas du patrimoine de
l'un dans le patrimoine de l'autre; non chacun des deux
contractants est propriétaire par indivis de la totalité des
fruits. Sa part est bien déterminée en ce sens qu'on sait
qu'il a droit au tiers ou la moitié; mais ce tiers ou cette
moitié n'est pas séparée des deux autres tiers ou de l'autre
moitié. Or, c'est ce résultat que, l'action *pro socio* serait
impuissante à atteindre et auquel on n'arrive que par
l'action qui est donnée aux communistes, par l'action
communi dividundo.

Il importe de ne pas confondre les rôles que ces deux
actions sont appelées à jouer. L'action *pro socio* a pour
but de poursuivre l'exécution des obligations qui nais-
sent du contrat; l'action *communi dividundo* a pour but
de faire partager la chose commune. La première concerne toutes les prestations personnelles quelconques
auxquelles les parties sont tenues; la seconde tend,
comme point essentiel et principal, à obtenir l'adjudication, c'est-à-dire l'attribution, à chacun des deux associés,
de la propriété exclusive de la part à laquelle il a droit.
Aussi Paul a-t-il raison de dire que malgré l'existence de
l'action *pro socio*, l'action *communi dividundo* était indispensable : « Communi dividundo judicium ideo necessa-
» rium fuit, quod pro socio actio magis ad personales
» invicem præstationes pertinet, quam ad communium
» rerum divisionem (1). »

(1) *D.* 10. 3. *Comm divid.* 1 *F. Paul.*   5

Mais de ce qu'elle est destinée à partager l'actif commun, il ne faudrait pas conclure que l'action *communi dividundo* ne peut être utilement exercée qu'à la dissolution de la société. M. Ortolan (1) fait très-bien remarquer « que l'action *communi dividundo* peut être intentée
» non-seulement à la fin de la société, pour faire parta-
» ger la masse des choses communes, mais même durant
» la société, pour faire partager un seul objet ou quel-
» ques objets en particulier, *si le contrat est tel qu'un*
» *pareil partage doive avoir lieu.* » Ces derniers mots semblent avoir été écrits en vue du colonat partiaire qui exige, en effet, que le partage se reproduise, à intervalles, pendant l'existence du contrat, et l'on vient de voir que l'action *communi dividundo* satisfait pleinement à ces exigences.

Le but principal de cette action, on l'a vu, est le partage ; mais il ne s'en suit pas que le juge, tout en faisant une adjudication, ce qui est sa mission principale, ne doive pas, en outre, tenir compte des indemnités que les parties peuvent se devoir, à un titre quelconque, et ne puisse pas prononcer des condamnations.

Il résulte de ces observations, que l'action *pro socio* et l'action *communi dividundo* peuvent exister cumulativement sans se détruire l'une par l'autre ; de telle sorte, toutefois, que, dans les points qui leur sont communs, nul n'obtienne par l'une de ces deux actions ce qu'il a déjà obtenu par l'autre (2).

Voilà les deux actions qui naîtront ordinairement du

(1) Ouvrage cité.
(2) D. 17. 2. *pro socio*, 31 *et* 32 — D 10. 3. *comm. divid.* 1 et 2.

colonat partiaire , et qui suffiront la plupart du temps à
en sanctionner toutes les obligations. Mais il peut arriver que l'une des parties, par les actes qu'elle commet,
donne naissance à des actions particulières. Ainsi, si le
colon commet un délit, un vol, un rapt, un dommage
injustement causé, le maître, suivant les cas, aura contre
lui , indépendamment de l'action *pro socio*, l'action *furti*,
l'action *vi bonorum raptorum*, ou l'action *legis Aquiliæ*.
Gaïus cite même un cas , celui où des arbres du fonds au-
raient été coupés sans droit, où le propriétaire avait,
outre l'action du contrat, l'action de la loi Aquilia , l'action de la loi des douze tables : *arborum furtim cæsa-
rum*, et enfin l'interdit *quod vid aut clam*.

Je ne vois pas de raison qui s'oppose à ce que ces actions diverses fussent attribuées au propriétaire du fonds
soumis au colonat partiaire , comme au propriétaire du
fonds donné à ferme.

Mais le propriétaire pouvait-il ou non exercer ces actions cumulativement? Il y avait eu controverse sur ce
point parmi les jurisconsultes romains. Voici cependant
les distinctions auxquelles ils paraissent s'être arrêtés:

Ils distinguaient les actions persécutoires de la chose,
les actions pénales et les actions mixtes qui avaient pour
but de faire obtenir à la fois au demandeur la chose et
une indemnité pénale. Parmi les actions persécutoires
de la chose, une seule pouvait être intentée et son exercice éteignait toutes les autres : « *Quoties*, dit Ulpien ,
» *concurrunt plures actiones ejusdem rei nomine una quis
» experiri debet* (1). » Si des actions ouvertes, l'une est
pénale et l'autre persécutoire de la chose, l'une et l'autre

---

(1) L. 43, § 1, Ulp. D. *de regul. juris* — L. 34, § 1, D. *pro socio*.

peuvent être exercées : « *Hinc de colono responsum est,*
si aliquid ex fundo subtraxerit teneri, eum condictione
« *et furto ; quin etiam ex locato, et pœna quidem furti*
» *non confunditur, illæ autem inter se miscentur* (1). »

Enfin, si les actions sont toutes pénales, après de
nombreuses hésitations, les jurisconsultes décidèrent
qu'elles pourraient toutes être exercées; en ce sens que
l'on peut demander par une seconde action pénale la
différence dont elle excède ce qu'on a déjà obtenu par
une première action : « Qui rem rapuit et furti nec mani-
» festi tenetur in duplum et vi bonorum raptorum in
» quadruplum; sed si ante actum sit vi bonorum
» raptorum, deneganda est furti, si ante furti actum est,
» non est illa deneganda, ut tamen id quod amplius in
» ea est, consequatur (2)». On peut encore citer à l'appui
de cette décision les textes suivants : L. 34, § 3;
— L. 41, § 1, Paul, D. *de obligationibus et actionibus.*

Toutefois, Hermogénien (3) nous apprend que cette
solution ne triompha qu'après de grandes variations et
l'on voit au Digeste, un texte (4) de Modestin où ce jurisconsulte assimile les actions pénales aux actions persécutoires de la chose et conclut de cette assimilation, que
l'exercice de l'une doit empêcher l'exercice de toutes
les autres.

Il faut enfin remarquer que si le maître agissait contre
le colon, obligé par suite de la faute d'un autre, et en
obtenait satisfaction, il devait alors lui céder les actions,

(1) L. 34, § 2, Paul, *de concurrentibus actionnibus.*
(2) L. 1, Paul, D. *vi bon. rapt.*
(3) L. 32, D. *de oblig. et act.*
(4) L. 53, pr. D. *de oblig et act.*

telles que l'action de la loi Aquilia, qu'il pouvait avoir contre l'auteur du dommage (1).

Une dernière question s'offre à nous, dont la solution est loin d'être sans difficulté. L'action *pro socio* donnée au maître contre le colon, était-elle garantie par une action réelle, par l'action servienne? En d'autres termes, le maître, dans le colonat partiaire, aura-t-il, comme le locateur, dans le bail à ferme, privilége sur les fruits et récolte du fonds?

De ce que le colon partiaire n'est pas dstreint, comme le fermier, à une prestation en argent, il ne faudrait pas conclure que le privilége est ici sans objet. L'action servienne, en effet, ne garantissait pas seulement le paiement du fermage, elle garantissait, en général; le paiement des condamnations que le fermier pouvait encourir par suite de l'exercice de l'action *locati*. Or, si le colon partiaire n'avait pas de prix à payer, il pouvait, par suite de sa faute, de la non-culture du fonds, etc., devenir le débiteur du maître. Cette dette était-elle garantie par l'action servienne?

La généralité des termes dont se servait la loi romaine(2) semble autoriser l'admission de l'affirmative; mais je crois que cette opinion est, pour ainsi dire, imposée par la nature même des choses. Où donc, plus que dans le colonat partiaire, le propriétaire avait-il besoin de se mettre à couvert contre l'insolvabilité de son tenancier? De tous ceux qui abordaient la libre

(1) L. 60, § 2 — L. 65, § 8, D. loc cond.
(2) *In prædiis rusticis, fructus qui ibi nascuntur, facile intelliguntur pignori esse domino fundi locati, etiamsi nominatim id non convenerit.* (Pomponius, L. 7, pr. D. In quib. caus. pign. vel hyp. contr).

culture, le colon partiaire n'était-il pas le moins solvable et dès lors n'était-il pas naturel qu'on exigeât tout au moins de lui, les garanties qu'on exigeait des autres?

Je crois donc que la part du colon, dans les fruits du fonds, était affectée au paiement des créances du maître. Pour poursuivre ce paiement, celui-ci jouissait, suivant que les fruits étaient ou non restés en la possession du colon, de l'action servienne et de l'interdit Salvien. Les effets de cet interdit étaient les mêmes que ceux de l'action servienne ; mais le propriétaire l'invoquait pour se faire attribuer la possession des objets hypothéqués, et, par voie de conséquence, le rôle de défendeur dans l'action servienne.

L'interdit Salvien, dû au préteur Salvius, aurait donc suivi le developpement de l'action servienne; telle est, du moins, l'opinion générale.

Mais M. de Savigny pense, au contraire, que l'interdit Salvien, dont l'introduction dans la législation romaine, eut lieu à une époque inconnue, a précédé l'action servienne, et en a été en quelque sorte le germe. Le préteur, au lieu de changer brusquement le droit établi, aurait ici, comme en beaucoup d'autres cas, procédé d'abord par des interdits, sauf à convertir ensuite en règle fixe, une pratique dont l'expérience aurait démontré l'utilité.

Pour que ce système fût admissible, il faudrait que l'interdit Salvien eut complètement disparu lors de l'invention de l'action servienne et se fût confondu avec cette action. Or, les textes nous le montrent au contraire subsistant à côté et indépendamment d'elle. L'opinion de M. de Savigny est donc une conjecture plus ingénieuse que probable.

CHAPITRE III.

RÉAPPARITION DU COLONAT PARTIAIRE AU MOYEN-AGE.

Quand commencèrent les invasions des Barbares, le colonat couvrait l'Italie et les Gaules et embrassait toute la population agricole.

Sans doute, la conquête en divisant l'Empire, eut pour premier résultat de fractionner ces *latifundia*, où nous avons vu la principale cause de la dissolution romaine; mais, ce progrès mis à part, elle aggrava, par les cruautés et les exactions qui l'accompagnèrent, la condition des travailleurs du sol. Entre le colon et l'esclave, il existait, on l'a vu, des différences réelles, mais ces différences étaient pour la plupart subtiles et difficiles à préciser. Or, des distinctions de ce genre, fruit d'une législation avancée, ont besoin pour être respectées, d'un gouvernement régulier. Quand les temps sont confus, les mœurs grossières, la domination brutale, elles sont effacées facilement et méconnues impunément. C'est ce qui arriva de la nuance légale qui séparait en droit le colon de l'esclave. Les Francs les confondirent et virent des esclaves dans tous ceux qui étaient employés à la culture. C'est ce qui explique pourquoi, à partir de cette époque, les colons sont en général opposés aux hommes libres (1) et assimilés par le nom comme

---

(1) V. Notamment dans Ducange, v° *colonus*, le passage suivant: *Vitalem colonum liberum esse jubeo et familiam suam ad nepotem meam pertinere.*

par le traitement aux esclaves Si bien qu'il est permis de dire que cette confusion, ce mélange des conditions n'a pas été sans influence sur les longs retards qu'a subis l'affranchissement des classes agricoles.

Du reste, ces classes, dont l'invasion avait déjà aggravé l'état, devaient recevoir, dès l'apparition de la société féodale, une plus grave et plus profonde atteinte. Du jour où la propriété et la souveraineté furent réunies sur la tête du seigneur, ce fut envers lui que le colon fut redevable à la fois et de la redevance, *pensio*, et de la taille, qui avait succédé à l'ancienne capitation romaine. Ils tombèrent de la sorte à la merci du seigneur, tandis qu'auparavant, ils dépendaient du propriétaire en tant que cultivateurs, et du gouvernement central en tant que citoyens, incorporés dans l'Etat. « Quand la fusion de
» la souveraineté et de la propriété se fut opérée au sein
» du fief, dit M. Guizot (1), le seigneur fut investi,
» comme souverain, du droit d'imposer la capitation,
» et, comme propriétaire, du droit de percevoir la rede-
» vance. Selon les anciens usages, la redevance devait
» rester la même. Mais quant à la capitation, qui devint
» la taille, le seigneur, comme jadis l'empereur, la régla
» et l'augmenta, selon son plaisir. La condition des co-
» lons ne fut donc pas aggravée en ce sens que leur re-
» devance foncière demeura fixe, et leur impôt person-
» nel arbitraire, comme sous l'Empire ; mais le même
» maître disposa de la redevance et de l'impôt, et ce fut
» là, sans nul doute, un grave changement. » On peut du reste juger cette situation par les résultats qu'elle a

(1) *Hist. de la civil. en France*, tome 4, p. 10.

produits. C'est de cette époque que datent les rébellions
des cultivateurs, surtout de ceux du Nord de la France,
qui cherchent à secouer l'oppression féodale.

Cependant, quelle que fût cette oppression, le cultivateur, le colon n'était pas un esclave. Dans l'échelle des
conditions, il n'occupait pas le dernier rang. La division
des personnes au moyen-âge est bien connue. Il y avait
les *libres gentilshommes*, les *libres non gentilshommes* ou
vilains et les *serfs* : les *gentils hons francs, hons de poeste*
et sers, dit Beaumanoir (1). Le *serf* est un objet de propriété, incapable d'appropriation pour soi ; le *vilain*,
un sujet et un contribuable ; le *gentilhomme*, un sujet
non contribuable, souverain du vilain. Or, c'est dans la
condition intermédiaire que figurait évidemment le colon.
C'est celle qui lui est clairement assignée dans ce passage
de Pierre de Fontaines : « Et sache bien ke (que) selon
» Diex (Dieu), tu n'as mie pleine poeste sur ton vilain.
» Donc se tu prends du sien fors les droits redevances
» ki (qu'il) le doit, tu les prends contre Dieu et sur le
» péril de l'âme et comme robières (voleur). Et ce kon
» dit, toutes les coses ke vilain a sont à son seigneur,
» c'est voirs à garder ; car s'ils étaient à son seigneur
» propre, il n'avait nulle différence entre serf et vilain ;
» mais par notre usage, n'a entre toi et ton seigneur
» d'autre juge fors Dieu (2). »

S'il en est ainsi, les colons étaient loin de constituer
à eux seuls toute la population agricole. Au dessous
d'eux travaillait et souffrait l'immense multitude des serfs

(1) *Coutumes de Beauvoisis*, ch. CLXV, n. 50.
(2) *Conseil à un ami*, ch. 21.

ruraux. Bien plus, les *Coutumes du comté de Toulouse*, le *Statut de Provence de* 1304, semblent ne reconnaître d'autres personnes parmi les agents agricoles que les « *adscriptitii, seu servi vulgariter angarii, aut de corpore* » *vel casalagio homines* » en d'autres termes les serfs de corps ou les serfs de glèbe auxquels on a donné pour loi le *caselage* ou la condition d'être attachés au sol par un lien perpétuel (1).

Ce sont là, on le voit, deux classes bien tranchées parmi les agents de la culture : les colons et les serfs. Or les premiers (et c'est un des bizarres spectacles qu'offrent ces temps troublés), les premiers avaient, en fait, une condition plus malheureuse. Ils étaient bien libres, mais leur qualité de vilains, d'où découlait leur qualité de libres, les rendait aussi et surtout contribuables, et, à ce titre, en faisait les victimes naturelles des exactions seigneuriales. Le serf, au contraire, qui cultivait et récoltait pour le compte du seigneur, était protégé par l'intérêt même de celui-ci. Et voilà pourquoi, dans la culture servile, les nécessités de la production furent presque partout respectées (2).

Là se trouve l'explication des refus étranges au premier abord, que les serfs opposèrent aux premières tentatives d'affranchissement. Comme ces esclaves latins qui refusaient, à cause des misères qu'il apportait avec lui, le droit de cité que leur offrait Justinien (3), les serfs du temps se montrèrent peu soucieux d'être élevés au vilainage.

(1) V. le *Statut* dans Giraud, *Hist. du droit franç.*, t. II.
(2) M. Doniol. *Hist. des classes rurales en France*, liv. II, ch. III.
(3) *Code lib.* III, tit. 2. § 25.

Ce rapprochement est fertile en graves enseignements.
A la fin de la période féodale, comme sur le déclin de
l'Empire romain, la liberté n'avait plus de prix, et la
seule condition qui fût enviée, c'était la condition servile,
parce que, en enlevant à l'individu toute personalité et
toute propriété, elle pouvait seule se soustraire au fardeau des exactions publiques. Au point de vue social,
plus encore qu'au point de vue économique, ce résultat
est funeste et le régime politique qui l'a enfanté ne pouvait être que détestable.

Aussi pour que la marche interrompue des affranchissements fût reprise, il fallut qu'à la forte impulsion
morale, dont la cause de la civilisation est redevable à
Saint Louis, vinssent se joindre les nécessités économiques. Ici encore, le vice de la culture servile finit par
éclater au grand jour et ce fut pour régénérer la production presque éteinte, que le seigneur fut réduit à affran-
chir ses serfs. Il comprit, qu'à ne consulter que son
intérêt personnel, mieux valait des cultivateurs libres,
individuellement responsables et pour qui la nécessité
même de s'acquitter envers le fisc deviendrait comme un
stimulant à produire, que des serfs, qui n'étaient que
des choses, qui échappaient par suite aux impôts, et qui
trouvaient toujours la production suffisante parce qu'ils
n'avaient pas intérêt à l'accroître. Ainsi fit le roi qui
n'était que le premier des seigneurs. Quand après avoir
cherché sans succès à rendre l'affranchissement obliga-
toire par l'ordonnance de 1315, il l'impose d'une
manière indirecte, par celle de 1358, en rendant les
serfs contribuables, il révèle qu'il n'obéit qu'à un intérêt
de pure fiscalité. Aussi, il n'est pas rare de voir des

serfs affranchis de la veille réclamer le bénéfice du servage
et, pour y retomber, épouser des femmes serves (1).

Il faut atteindre le quatorzième siècle pour que le
désir d'être affranchi s'empare avec quelque généralité
des classes rurales, et que « l'opprobe de la servitude »
soit compris dans toute sa réalité. Et encore plus d'une
cause vint ralentir ou entraver ce mouvement d'éman-
cipation. D'abord, la loi féodale exigeait que le vassal en
affranchissant fît approuver son acte par le suzerain,
sous peine de commise (confiscation) de son fief pour
l'avoir amoindri (abrégé) ; de plus l'affranchissement
ayant sa base et sa raison d'être dans un intérêt économique, et les intérêts de cet ordre étant divers dans ces
temps confus, il s'en suivit une grande inégalité dans
l'initiation des classes rurales à la liberté.

Cette initiation ne se réalisa que par le puissant
concours des communes qui les premières avaient secoué
le joug. Ce concours, du reste, était intéressé. La plupart
des communes, pour obtenir leurs chartes d'émanci-
pation, avaient consenti des tributs excessifs, dont le
fardeau devait diminuer à mesure que le nombre des
débiteurs augmentait (2), c'est-à-dire à mesure que le
vilainage, parti de la commune, s'étendait dans les
campagnes.

Toutefois, la liberté du travailleur paraissait une chose
si étrange dans ces temps de compression, qu'après
l'avoir proclamée en principe, on s'efforçait de l'entraver et de la couvrir encore de la vieille livrée de la

---

(1) Olim, t. II, p. 74, v. 9. *Les hommes de Pierrefonds.*

(2) V. *Not. Charte de Saint-Quentin*, 1213, art. 5 (Olim t. 1, p. 434).

servitude. Indépendamment des droits seigneuriaux, dont le trop long règne date ces affranchissements et qui pesaient sur tout affranchi, on retrouve encore, au XVIe siècle dans plusieurs provinces, dans les *bordiers*, une condition civile qui, pour n'être plus la servitude des temps antérieurs, n'était pas encore la liberté. « Ces *bordiers*, dit
» un écrivain déjà cité (1), devaient des services de détail
» à l'exploitation rurale, comme cueillir des pommes,
» faire le cidre, rentrer et mettre en meules les gerbes
» etc. Ces services étaient garantis au propriétaire par
» l'adscription à une glèbe restreinte et ceux qui les
» faisaient n'en était nullement tenus par suite d'une
» déchéance personnelle, d'une pénalité quelconque,
» mais au même titre que les serfs ordinaires. »

Mais peu importe après tout ; si le travail n'était pas tout-à-fait libre, le travailleur l'était. Alors commence à proprement parler l'histoire des classes agricoles. Avec la liberté, qui est devenue leur partage, on les verra chaque jour s'étendre, se fortifier, s'exhausser. Cette valeureuse race du paysan français, qu'on pouvait croire écrasée sous les exactions seigneuriales, se relèvera plus vaillante, et, forte de son individualité conquise, elle marchera vers ce double but qu'elle n'a cessé d'assigner à ses patients efforts : l'égalité civile, la propriété du sol. Et c'est dans la patiente énergie avec laquelle elle a poursuivi cette double revendication, que se trouve l'intérêt comme la grandeur de son histoire.

Le cultivateur affranchi, on voit reparaître les modes d'exploitation qui constituent la libre culture. C'est au

(1) M. Doniol. *Hist. des classes rur. en France*, liv. II, ch. IV.

XIII° siècle (1) que l'on place généralement la date de cette réapparition. Plus d'une cause, à cette époque, vint seconder son essor.

Le pays se trouvait alors dans une situation qui commandait des modifications économiques, sous peine de voir la production tarie. Après les croisades, qui enlevèrent aux campagnes tant de bras, s'il faut en croire les chroniqueurs (2), après les guerres de seigneurie à seigneurie dont les ordonnances royales attestent les ravages ; après la destruction d'une partie de la population provençale dans la guerre contre les Albigeois, il devait naître des besoins de culture que les anciennes formes du travail étaient impuissantes à satisfaire.

En second lieu, l'affranchissement des communes qui n'est pas autre chose que *la limitation* des droits seigneuriaux, avait eu pour effet naturel de donner quelque sécurité aux cultivateurs, affranchis désormais des charges arbitraires. Cette sécurité, on le comprend, dut favoriser le rétablissement de la libre culture.

Les trois formes de conduction qui précèdent les autres (*l'hostise, les baillées à rente, le métayage*) ont, toutes les trois, leur raison d'être dans le dépeuplement des campagnes, et dans la difficulté de recruter le personnel agricole.

L'origine, le but de l'*hostise*, les moyens pratiqués pour l'établir, sont nettement indiqués dans les faits

(1) Si l'on s'attache aux faits isolés, il faudra reculer cette date. Le bail à ferme existait déjà, comme exception. Le premier exemple qu'on en trouve, remonte à l'an 1100. (Ducange, V. *Firma*).

(2) Quelques provinces furent si épuisées, dit l'abbé de Clairvaux, que sur sept femmes, il s'y trouvait à peine un homme.

suivants, rapportés par Ducange(1): Le comte de Clermont voulant peupler un tènement et fonder le bourg agricole de « *Vile-Nove-en-Iles* » fait « crier » qu'il y donnera « *frances mazures* à petites *rentes, avec usage au bois en* » *la forêt de Iles.* » Aussitôt les vilains d'alentour vont se constituer *hostes* du comte, « *par le francise et aisément* » *de l'hostise* » .

En 1191, l'évêque de Paris fait publier la division de sa terre de Marnes en concessions *hostisiales*, et pour attirer les cultivateurs non-placés (*advenæ, adventitii*), il leur offre huit arpents à cultiver et un pour bâtir.

Cependant le régime seigneurial avait tellement ruiné le sol et tari la production que, malgré les offres séduisantes *de l'hostise,* les terres restaient souvent sans preneurs. Alors on imagine les *baillées à rente,* le plus usité et surtout le plus universellement usité des contrats de culture à cette époque de renaissance. A ces cultivateurs pour qui *l'hostise* n'était pas un appât suffisant, on transférera pleinement la propriété du sol, sous la seule réserve d'une rente perpétuelle. Et c'est par ce qu'il y a dans cette idée, qu'il est le propriétaire incommutable du sol qu'il féconde, un stimulant salutaire pour l'agent agricole, que les *baillées à rente* ont rendu à l'agriculture nationale d'inappréciables services. Seules, elles ont rendu les défrichements possibles, en assurant au cultivateur la stabilité et la durée de son exploitation.

En même temps, ce nouveau contrat devait produire un autre résultat plus grand encore. Il devait être le commencement juridique de la petite propriété. Grâce

(1) Ducange. V. *Hospes.*

à lui, s'élevait à côté du domaine seigueurial, le domaine
rôturier, destiné à absorber l'autre pour asseoir dans
notre pays l'individualité sociale, et à montrer par là
que si le labeur patient avait rendu nos paysans les
maîtres du sol, l'oisiveté avait été pour les privilégiés de
la naissance, la principale cause de déchéance et de
ruine.

Les *baillées à rente* offraient sans doute de grands
avantages au cultivateur, mais elles exigeaient qu'il
possédât quelques avances et qu'il fût nanti d'un capital
d'exploitation. De plus, la fixité de la rente était une
règle souvent lourde pour ces premiers venus de la libre
culture, sortis à peine de « la chétivité de servitude ».

A ces deux inconvénients obviait fort à propos le
colonat partiaire. Par les avances que fait le propriétaire
et les capitaux qu'il fournit, et plus encore par le principe
équitable du partage proportionnel des fruits, le colonat
partiaire rendit les conductions agricoles accessibles aux
cultivateurs pauvres. Et, ici encore, nous trouvons sa
place marquée au premier jour de l'affranchissement
agricole.

« A cette époque, dit M. Doniol (1), le contrat de mé-
» tayage eut toutes sortes de raisons pour se répandre.
» Sous sa forme, qui n'emportait que l'utilité la plus
» restreinte, tout détenteur utile put subdiviser sa terre
» entre tous les censitaires, et c'était la grande masse
» de ceux qui possédaient. » Toutes les durées lui
furent données. Les métayages héréditaires ont existé
partout et dans beaucoup de contrées ils avaient lieu en

(1) *Loc. citat.*

vertu d'une sorte d'usage (1) qui leur imprimait une stabilité précieuse pour la production Ceux à temps fixe ont été aussi fréquents. D'autres, qui naquirent de buts déterminés, comme les *complants* de l'Ouest et les *meiplants* de l'Auvergne, pour l'extension de la vigne, eurent une durée calculée d'après le but du contrat. Il règne de même une très grande variété dans la quotité de fruits à laquelle eut droit chaque associé et dans l'apport de chacun d'eux au métayage. Les lieux, la position respective des contractants, la nature de la culture, les circonstances accidentelles en un mot ont été partout la cause décisive de ces différences.

Par la seule modification de ces parts respectives dans l'association, beaucoup de métayages ont passé au louage, c'est-à-dire aux conductions ayant plus ou moins le caractère d'entreprise de la part du preneur Et c'est ainsi que se forma le bail à ferme. Ici, comme à Rome, il ne parut qu'après le colonat partiaire, parce que, pourrait-on dire, il naît de lui, et que si ce contrat n'avait pas existé, il n'existerait pas lui-même. Les faits d'ailleurs viennent, ici encore, corroborer cette loi économique. Tandis que nous avons dès les premiers temps du XIIe siècle, des exemples de métayage, il faut atteindre jusqu'à l'année 1287 pour trouver, suivant Delaurière (2), la première application du bail à ferme.

Et s'il apparaît tard, ce contrat n'est pendant longtemps qu'une exception, et ne se propage guère que dans les terres fertiles de la Normandie.

(1) Loysel, *Inst. cout.*, liv. III, tit. VI.
(2) *Sur la règle* 505 de Loysel.

6

Ailleurs la culture, à peine affranchie, n'avait pas encore produit ses heureux résultats. La production ne s'était guère accrue, et tout ce qu'on demandait aux cultivateurs c'était de « maintenir les fonds en aussi bon état » qu'ils les prirent, ou au moins en autel poinct qu'ils » vaillent le louage. » Beaumanoir, de qui sont ces paroles, fait même au profit des preneurs cette réserve significative « s'ils poent. »

Or, précisément parce que le travailleur était malheureux et qu'il fallait le favoriser, il se forma, vers la fin du XIII⁰ siècle, une sorte de jurisprudence rurale qui, s'inspirant des idées de justice et de progrès, fit trouver à la classe agricole des excitations fécondes. Un de ses plus remarquables effets fut le suivant : Une clause commune à toutes les conductions rurales, et par conséquent au colonat partiaire, portait que le conducteur laisserait, *déguerpirait* la tenure à son gré, moyennant l'abandon des fruits d'une année. Cette clause, faite pour « servir de » table après le naufrage, » comme dit Loysel, était inconnue à Rome. Née à la fin de l'Empire seulement (1), quand les exactions fiscales eurent rendu toute culture impossible, elle devint générale au moyen-âge. Elle était sous-entendue en tout contrat (2).

Pour échapper aux éventualités qu'offrait le droit de déguerpir, le bailleur avait eu recours à un système de caution hypothécaire qui entravait gravement les louages ruraux. Il exigeait l'affectation des fruits d'un autre héritage, en garantie de ceux que le déguerpissement

(1) Colé, liv. II. *De omni fund. desert.*
(2) *Beaumanoir*, ch. XXIV, n. 10.

compromettrait. Ce fut contre cette garantie excessive, ce *contre-àcens*, comme on disait, que s'élevèrent les juristes, Beaumanoir en tête. Grâce à leurs efforts, on vint à admettre, comme un principe juridique, cette humaine et libérale maxime : «Cil qui le coze prend y met » toz jorz du sien en àmendant le lieu dusqu'à tant que » ce vient aux dépouilles (1). »

Grâce aux progrès qui se faisaient aussi dans la législation, la condition du cultivateur s'élève peu à peu. Se sentant protégé, il s'efforça d'accroître son tènement. C'est l'ère des défrichements. Les vieilles forêts, les vacants, les sols incultes furent labourés et couverts de semences. Le pouvoir central attache à cette œuvre, méritoire entre toutes, une telle importance, qu'il donne aux tenures spéciales, dont le défrichement est le but, les formes et la publicité des actes de gouvernement; de simples conventions faites en vue des défrichements deviennent l'objet d'ordonnances royales (2).

En même temps qu'on labourait ce qui n'avait jamais été cultivé, on rentrait en possession des terres, autrefois fertiles, que les seigneurs avaient stérilisées pour y exercer leur droit de chasse (3). Sous l'action de ce droit sauvage, pratique digne d'un temps où l'arbitraire était la seule loi, des provinces entières s'étaient couvertes de broussailles. Elles furent péniblement reconquises et restituées à la culture.

Du reste la royauté seconda de tous ses efforts cette

(1) *Beaumanoir*, ch. XXVIII, n. 12.
(2) *Recueil du Louvre.*—Année 1302.
(3) *Hist. des forêts de l'ancienne Fr..ce*, par M. Maury, page 226.

laborieuse revendication, en interdisant à l'avenir la création de nouvelles garennes (1). En même temps, elle cherchait à assurer la sécurité du travailleur en châtiant sévèrement les exacteurs de la culture (2).

Grâce à ces mesures bienfaisantes, la culture fit d'incontestables progrès. Toutefois, ce ne fut que sous la salutaire administration de Charles V que la royauté prit ouvertement en main la cause agricole. Du premier coup, elle va droit au but. Abandonnant les règlementations inutiles, les expédients monétaires, elle ravive les sources de l'activité sociale en proclamant cette vérité économique : « S'ils ne laboraient et estaient empechiez » à cultiver, porte le préambule d'une ordonnance (3), » lesdites personnes qui des labourages vivent et sont » soutenuz pourraient avoir plusieurs déffautes de leurs » biens, et ainsi iceux ne pourraient payer les aides ni » subsides. »

Cette idée si juste et si féconde était pour la première fois mise en lumière, et l'on peut dire que le jour nouveau qu'elle jette sur le mécanisme de la richesse publique devait infailliblement assurer le succès de la cause agricole. Sans doute, cette cause devait essuyer encore plus d'un revers et traverser plus d'une crise, mais son importance était reconnue, le rôle qu'elle joue dans l'or-

(1) Ordonnances de 1350,—1356,—1418.

(2) Ordonnance de 1315 « Agricultores et circa rem rustica occu- » pati, dum illis insident, dum agros colunt, securi sint quacumquo » parte terrarum, ita ut nullus inveniatur tam audax ut personam, » boves, agrorum instrumenta... tradere, rapere aut violenter auferre » præsumat. »

(3) Ordonnances des prises,— 1367.

are économique proclamé , et de ce jour il était permis de présager son triomphe définitif.

Le colonat partiaire , que l'on a vu renaître , demeura la forme d'exploitation la plus répandue dans les contrées méridionales de la France où l'infériorité du sol, non moins que la casualité des récoltes, s'opposait à la vulgarisation du bail à ferme. Il traversa tout l'ancien droit sans subir une seule modification , car il est de sa nature immobile. Tel il était quand Pline en conseillait l'usage au déclin de la production romaine; tel il est au XVIIIᵉ siècle quand Montesquieu (1) loue le côté moral de l'association qu'il renferme; tel on le retrouverait encore aujourd'hui. Il ne marche pas parce qu'il ne peut être que l'expression d'un état de choses où le capital fait défaut à l'agent de la culture , et que du jour où il est nanti de ce capital, le cultivateur se tourne vers les conductions plus fructueuses.

C'est cette immobilité, signe caractéristique du colonat partiaire, qui rend inutile l'étude de ce contrat dans la partie de notre ancien droit au seuil de laquelle je m'arrête. Ce qui importe, ce qui est digne d'intérêt, c'est de rechercher comment naît cette forme d'exploitation. Son origine retracée , sa place marquée, ses conditions d'existences assurées, on peut compter qu'elle ne se modifiera point, et il est par conséquent superflu de la suivre pas à pas.

---

(1) *Esprit des lois*, liv. 13, ch. 5.

CHAPITRE IV.

DU COLONAT PARTIAIRE D'APRÈS LE CODE CIVIL FRANÇAIS.

I.

Nature du contrat.

On a vu que la législation romaine ne se prononçait pas sur la nature du contrat qui fait l'objet de cette étude : le Code civil français n'est pas plus explicite.

Il consacre à peine trois articles (1) au colonat partiaire, et, sans un texte (2) placé au chapitre du bail à cheptel, la forme d'exploitation qui s'étend encore aujourd'hui sur plus de la moitié du sol français, serait demeurée sans nom dans nos Codes.

Quelle que soit l'incertitude qui naît de ce silence, je crois que la solution adoptée en droit romain, doit être pareillement suivie en droit français, et j'énonce une seconde fois ma proposition : Le colonat partiaire est une société.

Les éléments de la controverse sont connus. On sait que, bien que fort rares, les textes romains paraissaient attribuer à notre contrat les caractères de la société,

(1) Les articles 1763, 1764 et 1771.
(2) L'article 1829.

plutôt que ceux du louage, et l'on sait aussi que parmi les commentateurs modernes qui ont professé l'opinion indiquée par ces textes, il faut citer Barthole, Cujas, Godefroy, Fachin et Ferrière. Une autre école, dont le président Favre et Coquille sont restés les chefs, n'hésitait pas à ranger le colonat partiaire, dans la classe des contrats inommés.

L'ancien droit, qui avait hérité de la difficulté, la discuta longtemps sans la pouvoir résoudre. Le Code civil ne l'a pas résolue davantage.

Déjà, avant lui, Pothier, peu soucieux de cette discussion, s'était borné à mentionner le bail à portion de fruits comme un cas particulier du bail à ferme. « Quelquefois, lit-on dans son *Traité du Louage*, les » héritages s'afferment pour une portion aliquote des » fruits qui se recueilleront; ces sortes de baux, s'ap-» pellent baux partiaires (1).

Le Code semble avoir voulu copier Pothier. Les rares articles qu'il a consacrés au colonat partiaire, paraissent faire de ce contrat un bail et du colon un preneur. « Celui qui cultive sous la condition d'un partage de » fruits avec le *bailleur*, dit l'article 1763, ne peut ni » sous-louer, ni céder, si la faculté ne lui en a été » expressément accordée par le bail. — En cas de contra-» vention, dit l'article suivant, le propriétaire a le droit » de rentrer en jouissance, et le preneur est condamné » aux dommages-intérêts résultant de l'inexécution du » *bail* ». — Enfin, l'article 1771 s'exprime ainsi : « Le » fermier ne peut obtenir de remise lorsque la perte

---

(1) *Traité du louage*, 1re partie, chap. I, sect. 2.

» des fruits arrive après qu'ils sont séparés de la terre,
» à moins que le *bail* ne donne au propriétaire *une*
» *quotité de la récolte en nature*; auquel cas le proprié-
» taire doit supporter sa part de perte, pourvu que le
» *preneur* ne fût pas en demeure de lui délivrer *sa*
» *portion de récolte.* »

Je ne crois pas qu'on doive, en général, attacher à la terminologie du Code une importance majeure. Je le crois d'autant moins que les termes employés, dans l'espèce, par le législateur, sont loin d'être conformes à sa pensée telle que nous la révèlent les travaux préparatoires.

« Le bail à colonat, disait le conseiller d'Etat Galli,
». dans son exposé des motifs au Corps Législatif (1),
» le bail à colonat forme une espèce de société où le
» propriétaire donne le fonds et le colon la semence et
» la culture, chacun hasardant la portion que cette
» société lui donne dans le partage des fruits. Dans ces
» sortes de contrats, comme on dit, *electa est industria.*
» Le colon partiaire étant celui *qui terram colit non*
» *pactâ pecuniâ sed pro rata ejus qui in fundo mascetur*
» *dimidia, tertia,* etc., il est clair que c'est là le cas
» d'*electa industria.* Pour labourer mes terres, les
» exploiter, j'ai choisi l'adresse, la capacité de telle
» personne et non de telle autre. »

Le tribun Mauricault pensait de même. Après avoir signalé en quoi le colonat partiaire différait du bail à ferme, il ajoutait (2) : « La raison de cette différence de

---

(1) Fenet, t. 14, p. 317.
(2) Séance du 14 ventôse, an XII.

» droits résulte de ce que le colon partiaire est une sorte
» d'associé, et qu'il est de principe en matière de société
» que personne n'y peut être introduit sans le consente-
» ment de tous les associés. »

Il me semble que l'opinion que j'ai admise trouve dans
ces paroles une confirmation évidente. Toutefois, il eut
sans doute mieux valu que le législateur faisant droit à la
demande de la Cour de Lyon, se prononçât sur la nature
du colonat partiaire. « Le Code civil, disait la Cour de
» Lyon, omet absolument les règles d'un contrat très
» commun, et qui le deviendrait bien davantage si cer-
» taines dispositions sur les baux à ferme étaient adop-
» tées : C'est la société entre un propriétaire et un culti-
» vateur qui se charge de la culture d'un domaine moyen-
» nant une part de fruits. » Quinze articles spéciaux
étaient formulés à la suite de cette observation, et leur
place était marquée par la cour à la suite des dispositions
relatives au contrat de société, dont ils formaient ainsi le
complément (1).

A la vérité, ce projet de loi n'a pas trouvé place dans
le Code; mais il faut remarquer à cet égard que le législateur a si peu entendu faire du colonat partiaire un espèce
du bail à ferme que, dans les articles 1767 et 1768; il a
employé à dessein une autre expression que celle de fermier parce qu'il voulait que les dispositions de ces articles fussent applicables au colon partiaire.

Quoiqu'il en soit, le Code civil, on peut le dire, ne
renferme aucune disposition qui puisse faire cesser la
controverse. Et si l'on consulte la législation des nations

(1) Fenet, t. IV, p. 319.

voisines, on y trouve des solutions contradictoires. C'est ainsi que le Code autrichien (1) fait du colonat partiaire un contrat de société, tandis que le Code sarde (2) n'est pas moins affirmatif à le déclarer contrat de louage.

Cette dernière opinion, soutenue déjà par Denizard et par Favard de Langlade a trouvé en M. Duvergier un défenseur convaincu. Cet auteur, après avoir fourni à l'appui de sa thèse des arguments qui ont déjà été indiqués dans ce travail, ajoute ce que voici : « Il est évident que » ce contrat (le colonat partiaire) contient un élément » qui répugne à l'essence de la société. Le bailleur ne » court aucune chance de perte, et il a droit à une por- » tion des bénéfices lorsque le preneur sera en perte ; par » exemple, s'il arrive que la portion de fruits qui reste » à celui-ci soit d'une valeur inférieure au montant des » frais de culture. Pour qu'il y eut société, il faudrait » que le fonds du bailleur, considéré comme sa mise, » dût contribuer aux pertes (3).

M. Duvergier commet ici une erreur qui me semble évidente. Pour le prouver, supposons un instant que la

(1) Lorsque le propriétaire cède son bien, sous la condition que le preneur en entreprendra la culture et lui fournira une portion relative des produits, par exemple un tiers ou la moitié des fruits, il ne se forme pas un contrat de bail, mais un contrat de société. (*Code civil autrichien*, art. 1103).

(2) Celui qui prend do bail un bien rural, sous l'obligation d'en partager les fruits avec le bailleur, s'appelle *colon partiaire*, et le contrat qui renferme leurs conventions, est désigné sous le nom de bail à métairie. Ce contrat est soumis aux règles générales établies pour la location des choses et, en particulier, pour la location des héritages ruraux, sous les modifications suivantes. (*Code civil sarde*, art. 1785.)

(3) Tome III, n. 99.

jouissance de l'immeuble , évalué d'après le prix des baux antérieurs, représente une valeur de 1,000 francs. Le propriétaire livre la culture de cet immeuble à un colon partiaire. A la fin de chaque année, si la portion de fruits afférente au propriétaire excède la valeur de 1,000 francs, il aura recueilli du contrat un bénéfice; si au contraire cette portion représente moins de 1,000 francs, il sera en perte. Il est donc vrai de dire que le propriétaire court des chances de gain comme des chances de perte; et c'est cette éventualité heureuse ou malheureuse, commune aux deux contractants, qui crée entre le colonat partiaire et la société une similitude qui ne saurait être méconnue. Ce qui a induit M. Duvergier en erreur, c'est qu'il a paru croire que c'était l'immeuble lui-même qui était mis en commun , qui constituait la part du propriétaire , tandis que ce n'est que la jouissance de cet immeuble. Et cela est tout à fait conforme aux principes du contrat de société , puisque les articles 1851 et 1867 admettent que la mise d'un associé peut ne comprendre que la jouissance du fonds dont il conserve la propriété.

Il serait superflu de reproduire ici toutes les autres raisons qui m'ont paru s'opposer à une assimilation entre le colonat partiaire et le bail à ferme. Cette assimilation a d'ailleurs était combattue par la majorité des auteurs; notamment par Delvincourt (1), Duranton (2), Troplong (3), Grellet du Mazeau (4) et Méplain (5), qui

---

(1) Tome III, notes p. 103.
(2) Tome XVII , n. 176.
(3) *Louage,* n. 637 et suiv.
(4) *Du bail à mét perpét.*, n. 5 et suiv.
(5) *Du bail à portion de fruits,* n. 3 et suiv.

tous sont unanimes à reconnaître dans notre contrat les caractères de la société.

Tel est l'état de la doctrine. La jurisprudence s'était d'abord hautement ralliée à cette dernière opinion. Le 21 février 1839, la cour de Limoges rendait un arrêt digne d'être rapporté parce qu'il contient un examen doctrinal de la question :

« Attendu que selon les principes du droit romain, le » bail à colonage était considéré comme un contrat de » société ainsi qu'en font foi les textes suivants. » (Suit la citation des textes qui ont déjà été rapportés dans la première partie de ce travail.)

« Attendu que les docteurs interprètes de la loi ro- » maine s'accordent tous pour reconnaître dans le bail » à colonage les caractères du contrat de société et pour » le distinguer du contrat de louage.

» Attendu que cette doctrine du droit romain avait » passé dans l'ancien droit français, comme l'enseigne » Ferrière (*Dict. du droit*), etc., etc.

» Qu'ainsi il faut reconnaître que, d'après les princi- » pes de l'ancien droit, le bail à colonage était une so- » ciété ayant pour objet l'exploitation d'un domaine » dans laquelle le bailleur fournissait les fonds à cultiver, » et le preneur son industrie et ses labours pour la » culture.

» Attendu que le Code civil ne contient aucune dispo- » sition qui ait dérogé à ces principes ; qu'au contraire, » suivant la judicieuse observation des premiers juges, » la définition du contrat de société, telle qu'elle est » donnée par l'article 1832, reçoit une application plus » exacte au bail à colonage que la définition du contrat » de louage portée en l'article 1709 du même Code.

» Attendu que l'argumentation tirée par l'appelant
» de ce que l'article 1763 du Code civil, le seul qui fasse
» une mention spéciale du bail à colonage, se trouve
» placé au titre du contrat de louage ne présente rien de
» solide, parce que la classification des contrats sous
» telle ou telle rubrique ne saurait être une raison suf-
» fisante pour en déterminer la nature, surtout quand il
» s'agit de contrats qui, comme le bail à colonage,
» n'ont pas de caractère qui leur soit propre, et partici-
» pent de deux natures de contrats différents ; que
» pour montrer combien cette argumentation a peu de
» force, il suffit de faire observer que la loi romaine qui
» assimile le bail à colonage au contrat de société, est
» placée au digeste précisément au titre *locati conducti*,
» et que, dans le Code civil même, le contrat de cheptel,
» qui est une véritable société, et auquel la loi elle-mê-
» me donne cette qualification (art. 1818), est placé aussi
» comme le bail à colonage, sous le titre de contrat de
» louage.

   » Attendu que si pour apprécier la nature du bail à
» colonage, suivant l'esprit du Code civil, au lieu de
» s'arrêter à une induction aussi peu concluante que
» celle de la position qu'ocupe dans le Code l'art. 1763,
» on veut rechercher l'intention de la loi dans l'exposé
» des motifs de l'orateur du Gouvernement, et dans le
» rapport fait au Tribunat, il apparaît clairement que
» les auteurs du Code n'ont voulu rien innover en cette
» matière et qu'il a été au contraire dans leur volonté
» de conserver au bail à colonage, les caractères d'un
» contrat de société ».

   Après avoir si vigoureusement adopté cette doctrine

et l'avoir reproduite dans un autre arrêt du 6 juillet 1840,
la cour de Limoges, par un revirement difficile à expliquer, s'est ralliée, le 26 août 1848, à l'opinion qui fait
du colonat partiaire une sorte de contrat inommé, et
elle a entraîné dans cette voie, la cour de Nîmes (1).
Et les deux cours décident ainsi par la raison, que le
colonat partiaire emprunte plusieurs de ses règles au
bail à ferme et que, par suite, il doit être réputé contrat
mixte. Sans doute, plusieurs des règles du bail à ferme,
doivent être appliquées au bail à moitié de fruits, mais
cette analogie, comme le fait justement observer
Troplong (2), ne saurait enlever au colonat partiaire les
caractères juridiques qui le rapprochent de la société.
Et, comme le dit M. Méplain (3), non moins justement :
« Il faut se garder de confondre des contrats de natures
» différentes, par cela seul qu'ils engendrent des obli-
» gations même identiques ; pour une fois que cette
» confusion sera sans inconvénients, elle égarera vingt
» autres. Parce que le louage et la vente se touchent par
» plus d'un point, faut-il ne les point distinguer ? »
D'ailleurs, il est impossible d'examiner, avec quelque
attention, la constitution intime du bail partiaire, sans
y voir *tous les éléments essentiels* de la société, à savoir :
une convention par laquelle deux personnes mettent
quelque chose en commun, dans la vue de partager le
bénéfice qui pourra en résulter. Ce sont là les termes
mêmes de l'article 1832.

(1) Arrêt du 14 août 1850.
(2) *Louage*, n° 642.
(3) *Traité du bail à part de fruits*, n. 34.

D'où il suit, et c'est là la conclusion qu'il faut tirer de ces notions générales, que dans l'étude des règles qui devront régir le contrat qui nous occupe, le louage pourra être souvent consulté, mais, en règle générale, ce seront les principes de la société qui devront être appliqués.

II.

Comment se forme le colonat partiaire.

Le colonat partiaire est une société. Mais de quelle espèce sera cette société ?

On verra plus loin, par ce qui sera dit de l'administration des affaires communes, que le   qui unit le maître et le colon emprunte beaucoup du caractère de la participation. L'analogie est surtout visible quant aux rapports avec les tiers, vis-à-vis desquels il n'y a que celui qui agit qui est obligé (1). Mais on peut dire dès à présent que le colonat partiaire constitue une société particulière; car il ne s'applique qu'à *certaines choses* (art. 1841). On peut en outre, en empruntant à l'article 1836 la distinction qu'il établit entre les sociétés universelles, dire que le bail à portion de fruits est *une société particulière de gains.*

Il constituera, dans tous les cas, une société civile et non point une société commerciale. Et cela est si vrai, que des actes dont la commercialité serait évidente, tels que ceux d'acheter des bestiaux avec l'intention de les

---

(1) Troplong. — *Soc.* n. 481.

revendre, perdent ce caractère quand ils sont faits par le maître ou par le colon. à la condition, bien entendu, qu'ils le soient pour les besoins du fonds et qu'ils se rattachent à l'exploitation par l'avantage qu'ils doivent lui procurer.

Ceci posé, il convient de rappeler les articles 1832, 1833 et 1834, parce que c'est sous leur influence, que se formera le colonat partiaire.

Art. 1832. « La société est un contrat par lequel deux » ou plusieurs personnes conviennent de mettre quelque » chose en commun, dans la vue de partager le béné- » fice qui pourra en résulter. »

Art. 1833. « Toute société doit avoir un objet licite » et être contractée pour l'intérêt commun des parties. » Chaque associé doit y apporter ou de l'argent, ou » d'autres biens, ou son industrie. »

Art. 1834. « Toutes sociétés doivent être rédigées par » écrit, lorsque leur objet est d'une valeur de plus de » cent cinquante francs. La preuve testimoniale n'est » point admise contre et outre le contenu en l'acte de » société, ni sur ce qui serait allégué avoir été dit avant, » lors et depuis cet acte, encore qu'il s'agisse d'une » somme ou valeur moindre de cent cinquante francs. »

L'objet du contrat c'est l'exploitation, la mise en valeur du fonds. Son but, c'est le partage des produits qui naîtront de cette exploitation. C'est dans ce but que maître et colon s'associent; ils mettent en commun, l'un, la jouissance de son héritage, sa vertu productive ; l'autre, son travail et son industrie. *Alius ponit terram,* disait Barthole (1), *et alius operas in quærendis fructibus.*

(1) Sur la loi *Si Merces,* § 25, D. *loc. cond.*

Et en associant ces deux forces qui, isolées seraient vaines, d'un côté l'aptitude du sol à produire, de l'autre l'aptitude du travailleur à féconder ce sol, on obtient un résultat qui n'est autre chose que la fertilité naturelle de l'héritage, multipliée par le travail du colon.

De ce que le colonat partiaire est une société, dans laquelle l'une des parties apporte la jouissance de sa chose et l'autre son travail, il suit que ce contrat ne peut s'appliquer aux héritages dont les fruits se perçoivent sans travail et notamment aux héritages urbains, aux étangs, aux lacs, etc.

La concession d'une carrière, ou d'une mine, sous la condition d'un partage de produits entre le bailleur et le preneur, ne constituerait pas un colonat partiaire ; car dans ce contrat, le fonds doit rester intact, tandis que l'exploitation d'une mine ou d'une carrière consiste à en détacher chaque jour une partie.

Du reste, les règles générales des conventions relatives à la cause et à l'objet du contrat, au consentement et à la capacité des contractants, trouverout ici leur application.

Rappelons à ce propos que l'erreur qui viciera le consentement et par conséquent le contrat lorsqu'elle aura porté sur la personne du colon, sera indifférente lorsqu'elle aura porté sur la personne du maître. C'est une conséquence du principe déjà connu de l'*electa industria*.

Quant aux causes de nullité qui peuvent résulter de la violence physique ou morale, du dol ou de la fraude, notre sujet n'offre aucune dérogation aux principes généraux.

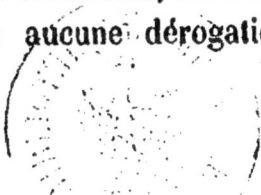

7

Contrat consensuel, le colonat partiaire sera parfait par le seul consentement, indépendamment de toute formalité, et sa rédaction par écrit n'offrira d'utilité que pour la preuve. Elle n'est exigée que pour le cas ou l'objet est d'une valeur de plus de cent cinquante francs. Il ne faut pas croire cependant que, même dans ce cas, elle soit indispensable. L'article 1834, spécial à notre matière, ne déroge point au droit commun fixé par les articles 1341 et suivants du Code civil. En conséquence, il pourra être suppléé au défaut de preuve littérale par l'interrogatoire sur faits et articles, l'aveu judiciaire, le serment et le commencement de preuve par écrit appuyé de témoignages ou de présomptions graves, précises et concordantes.

Si la valeur de l'objet est inférieure à cent cinquante francs, l'existence du contrat peut être établie par tous moyens de preuve, notamment par la preuve testimoniale, et la réunion des présomptions graves précises et concordantes (art. 1353). Mais quelle que soit la valeur de l'objet, si le bail a été constaté par écrit, ni la preuve testimoniale, ni les présomptions ne peuvent être admises contre et outre le contenu en l'acte, ni sur ce qui serait allégué avoir été dit avant, lors ou depuis cet acte. (art. 1834).

Mais comment déterminera-t-on la valeur de l'objet ? La doctrine est divisée sur ce point.

Duranton pense que, pour fixer cette valeur, il ne faut considérer que le montant de la mise du demandeur, ou le montant des bénéfices auxquels il prétend avoir droit. « Pour le demandeur, dit cet auteur (1), l'objet

(1) Tom. 17, n° 343.

» de la société, c'est réellement la part qu'il y prend. Il
» serait absurde, par exemple, que si vingt personnes
» avaient mis en commun chacune dix francs, pour une
» certaine destination et livré ces sommes à l'une d'elles,
» aucune ne pût prouver par témoins la réalisation de sa
» mise sous prétexte que l'objet de la société, le fonds
» social, était dans l'origine de plus de cent cinquante
» francs. »

Toutefois, la grande majorité des auteurs (1) admet
qu'il faut entendre par valeur de l'objet, la valeur du
fonds social ; mais est-ce la valeur actuelle du fonds
social, c'est-à-dire sa valeur au jour où on veut faire la
preuve de la société, ou sa valeur originaire ? Ici, encore
il y a controverse. On décide plus généralement qu'il
faut s'en tenir à la valeur originaire, c'est-à-dire au
total des mises (2).

Cette solution acceptée, il sera facile d'évaluer la
valeur du fonds social en matière d'association partiaire. Le fonds social, il est vrai, se compose de deux
valeurs indéterminées, *la jouissance du fonds* et *le travail
du colon*, mais qui ne voit que *la valeur de la jouissance*
n'est autre chose que le montant du canon qu'un fermier
consentirait à payer et que *le travail du colon* n'est autre
chose que le prix des journées nécessaires à la culture

(1) V. Dalloz, *Répertoire* V° *société*, n° 259.

(2) V. en ce sens :
Toullier, tom. 9, n° 42.
Duvergier, n°° 72 et 73.
Troplong, n° 202.
Bravard, n° 44.

du champ. La somme de ces deux prix de louage constitue précisément la valeur du fonds social.

Il est à peine besoin de faire remarquer que, après
avoir reconnu que le bail partiaire était une société et
non un louage, nous ne lui appliquerons pas la disposition spéciale à ce dernier contrat, contenue en l'article
1715, et qui n'autorise la preuve par témoins que lorsque
le bail a commencé d'être exécuté.

III.

Obligations du maître.

La première obligation qui incombe à chacun des deux
associés, c'est d'effectuer sa mise : « Chaque associé, dit
» l'art. 1845, est débiteur envers la société de tout ce
» qu'il a promis d'y apporter. »

Le maître doit à la société la jouissance seulement de
son héritage. De quelle manière cette dette doit être ac-
quittée, c'est ce qui a été indiqué déjà. Nous avons vu
que l'obligation du maître ne se bornant pas à un fait
inerte, ne pouvait être assimilée à celle du nu-propriétaire ; qu'elle devait au contraire être assimilée à celle
du bailleur. Il y a toutefois une nuance entre le propriétaire qui donne son fonds à ferme et celui qui le soumet
au colonat partiaire. Le premier doit se dessaisir de la
jouissance pour la transporter tout entière au fermier.
Le second, au contraire, ne se dessaisit pas de cette jouissance, mais il la rend commune, il admet le colon à y
participer, et pour que cette participation soit effective,

il faut bien qu'il lui garantisse la jouissance. C'est ainsi que nous sommes amenés à faire un emprunt au louage et à appliquer à notre sujet les dispositions de l'art. 1719, lequel est ainsi conçu :

« Le bailleur est obligé , par la nature du contrat et
» sans qu'il soit besoin d'aucune disposition particulière:
» 1° de délivrer au preneur la chose louée ; 2° d'entre-
» tenir cette chose en état de servir à l'usage pour lequel
» elle a été louée ; 3° d'en faire jouir paisiblement le
» preneur pendant toute la durée du bail. »

L'obligation du maître ne se borne pas à un fait isolé ; elle implique un fait continu. Après avoir mis la jouissance en commun, il faut qu'il la maintienne et qu'il la garantisse. Si donc cette jouissance est troublée, soit par le fait du maître , soit par le fait d'un tiers , le colon aura contre le premier, pour le contraindre à faire cesser le trouble , la même action qui lui est accordée pour le contraindre à faire l'apport de la jouissance.

Mais il ne faut pas confondre avec le trouble à la jouissance dont il s'agit ici , le simple trouble de fait , c'est-à-dire les délits qui, de la part des tiers, causeraient un préjudice au colon, sans que le droit de celui-ci à la jouissance fût contesté.

Dans ce dernier cas, le maître n'est pas tenu à garantie (Art. 1725), et le colon peut agir, en son nom personnel, contre les tiers, auteurs du dommage. Mais quand il agit seul , le colon ne peut jamais le faire que pour la part qui lui appartient ; tandis que le maître , administrateur de la société , et par conséquent mandataire du colon, peut agir pour le tout, sauf à tenir compte à son co-associé de la part d'indemnité qui lui revient.

Au contraire, le trouble de droit, le trouble à la jouissance, avons-nous dit, doit être garanti par le maître.
Si c'est ce dernier qui en est l'auteur, l'action du colon
contre lui sera directe. Que si le trouble de droit est le
fait d'un tiers, il faut alors distinguer.

Le tiers prétend-il avoir droit à la jouissance à titre
précaire (par exemple à titre de fermier), et en vertu
d'une convention antérieure entre le propriétaire et lui,
le colon pourra agir personnellement et directement. Si
au contraire, l'auteur du trouble prétend à la jouissance
à titre de propriétaire, d'usufruitier ou à titre de fermier,
tenant son droit d'un propriétaire autre que celui qui a
consenti le colonat partiaire, le colon ne pourra pas agir
personnellement.

La raison de cette différence est facile à saisir. Dans le
premier cas, le colon lutte contre un représentant du
propriétaire avec lequel il a traité, et son action est de
même nature que celle qu'il exercerait contre le maître
lui-même. D'ailleurs, ce dernier, dans le cas qui nous occupe, ne pourrait pas agir contre l'auteur du trouble,
que nous avons supposé être un fermier tenant son droit
d'un contrat antérieur, parce que son action serait re-
poussée en vertu de la règle : *Quem de evictione tenet actio,
eumdem agentem repellit exceptio.* Il en est tout autrement dans le second cas. Ici, en effet, la résistance contre l'auteur du trouble mettra nécessairement en question la propriété même du fonds et le colon, on le comprend, n'a pas qualité pour figurer dans une pareille
instance.

Pour que son apport soit pleinement réalisé, le maître
doit délivrer tous les objets qui sont attachés au fonds et
qui sont destinés à en faciliter la culture ou à en com-

pléter la jouissance. Ainsi, les pailles et fourrages de la récolte qui vient d'avoir lieu doivent être livrés intacts. Ainsi encore, si un cheptel de bestiaux est attaché à l'exploitation, je pense que, même en l'absence d'une stipulation spéciale, il doit être délivré au colon. Et cela, non pas parce que le cheptel de bestiaux fait partie des immeubles par destination, mais parce qu'il est un auxiliaire de la culture, et qu'ainsi sans lui la jouissance serait incomplète. Parmi les immeubles par destination, qu'énumère l'article 521 du Code civil, il en est, en effet, notamment les lapins de garenne, les poissons des étangs, qui n'offrent aucune utilité pour la culture et qui demeurent par conséquent en dehors du bail partiaire.

Quant aux bâtiments, soit d'habitation, soit d'exploitation, ils doivent être pareillement délivrés au colon partiaire, car ils complètent la jouissance et favorisent la culture, parce que la présence du colon sur les lieux est presque indispensable.

Enfin, il faut remarquer que le droit de chasse et le droit de pêche, bien qu'ils fassent partie de la jouissance du fonds, soit qu'on les envisage comme agrément, soit qu'on les envisage comme produit, n'appartiennent jamais au colon partiaire. Ceci est conforme aux principes. Nous avons vu, en effet, que le colon ne peut prétendre aux fruits, que lorsque son travail les a faits naître (1).

Le second paragraphe de l'article 1719, porte que le bailleur doit entretenir la chose *en état de servir à l'usage pour lequel elle a été louée.*

_____

(1) *Venationem, fructus fundi non esse*, disait le jurisconsulte Julien (L. 26. *D. de usuris.*)

Ceci comprend les réparations. Dans le bail à ferme, les réparations dites locatives sont à la charge du preneur. Dans le colonat partiaire, s'il faut en croire Salviat (1),elles devraient être, sans distinction, à la charge du maître.

M. Méplain (2), au contraire, distingue entre les bâtiments qui servent à l'exploitation et ceux qui servent à l'habitation. Dans les premiers, les réparations de toute nature sont à la charge du maître; quant aux seconds, ce serait le colon partiaire qui serait tenu des réparations locatives.

M. Méplain ne donne pas la raison de cette différence. Il faut cependant en trouver une. Sans doute, la position du colon partiaire diffère de celle d'un locataire urbain. C'est évidemment dans l'intérêt exclusif du locataire urbain que l'édifice est loué, si bien que peu importe qu'il l'habite ou ne l'habite pas, pourvu qu'il le garnisse d'un mobilier suffisant. Le colon partiaire au contraire est obligé d'habiter le bâtiment situé sur le fonds, et c'est dans l'intérêt de l'exploitation et non dans son intérêt personnel que ce bâtiment lui est livré.

Cependant, quelques différences qu'il y ait entre eux, je crois, avec M. Méplain, que l'un comme l'autre doit être tenu des réparations locatives. Et j'en donne pour raison que pour l'un comme pour l'autre, le propriétaire est destitué de tout droit de surveillance sur les bâtiments d'habitation. Quand il en franchit le seuil, le colon y est tout aussi bien chez lui que le locataire dans la

---

(1) *Bail à mét. perp.*
(2) Ouvrage cité, n. 139.

maison louée. N'est-il donc pas juste de les assimiler ? La jurisprudence l'a pensé ainsi et avec d'autant plus de raison, suivant moi, que le colon partiaire reçoit gratuitement ce que le locataire n'obtient qu'à prix d'argent et qu'on peut par conséquent se montrer aussi exigeant pour le premier que pour le second.

Les réparations peuvent porter non seulement sur les bâtiments, mais encore sur les fossés d'écoulement ou d'irrigation. Duvergier (1) décide que le curage des fossés est à la charge du preneur sans distinction. Mais Troplong (2) et M. Méplain (3) pensent qu'une distinction est nécessaire. Si le fossé est destiné à recevoir les eaux pluviales ou les eaux d'arrosage, si, en un mot, il présente une utilité pour la culture, il devra être entretenu par le colon. Il en serait autrement s'il s'agissait d'un fossé d'assainissement pratiqué pour faire écouler des eaux malsaines.

Je me borne à ajouter qu'un arrêt rendu, le 24 novembre 1842, par la chambre des requêtes décide qu'en ce qui concerne l'entretien des canaux, dans un domaine rural, les tribunaux ont le pouvoir de déterminer l'étendue des obligations du preneur.

Enfin il nous reste à expliquer l'article 1723 qui met à la charge du bailleur une dernière obligation. « Le » bailleur, dit cet article, ne peut, pendant la durée du » bail, changer la forme de la chose louée. »

Dans quelle mesure, cette prohibition est-elle applicable au colonat partiaire ?

(1) Tom. I, n° 104.
(2) Tom. I, n° 178.
(3) Ouvr. cit. n° 146.

En matière de bail à ferme, Pothier (1) enseignait que
» le locateur d'une métairie apporterait un trouble à la
» jouissance de son fermier, s'il voulait changer la forme
» *d'une partie considérable* des terres de ladite métairie,
» comme s'il voulait convertir une pièce de terre
» labourable en prairie ou la faire planter en bois...
» Mais si ce changement de forme n'était que sur une
» partie peu considérable et que le propriétaire eût
» intérêt à le faire, il le pourrait faire en indemnisant le
» fermier. Par exemple, si sur une grande quantité de
» terres dont est composé l'héritage que j'ai donné à
» ferme, j'en veux détacher quelques arpents pour
» agrandir mon parc, et les planter en bois, le fermier
» à qui j'offre une indemnité en diminution sur sa ferme,
» ne peut s'y opposer. »

Cette doctrine n'est plus admise aujourd'hui. Suivant
Troplong (2), «Pothier va trop loin dans le tempérament
» qu'il apporte à la règle que le Code a puisée dans ses
» écrits; cette doctrine n'est plus admissible sous le Code
» civil. Quelque respectables que soient les droits du
» propriétaire, ceux du fermier méritent une égale
» protection »

Duvergier (3), qui partage ce sentiment, fait justement observer qu'en décidant ainsi, Pothier cédait à
l'empire des idées de son temps et qu'il n'eût certainement pas reconnu au fermier le droit de diminuer le
parc pour accroître la ferme, comme il accordait au pro-

(1) *Louage* n° 75.
(2) *Louage*, n° 244.
(3) Tom. I, n° 307.

priétaire celui de diminuer la ferme pour accroître le
parc

En matière de bail à ferme, cette sévérité est commandée par les principes. Dans ce contrat, en effet, le
bailleur abdique entièrement l'administration de son
domaine. Il transporte la jouissance au fermier et se l'interdit à lui-même. Pourquoi dès lors viendrait-il s'immiscer dans les détails de l'exploitation ? En quoi d'ailleurs cela l'intéresse-t.   . un prix fixe: les
améliorations ne seraient pour lui d'aucun profit.

Bien différente est la position du maître dans le colonat partiaire. Loin d'abdiquer l'exploitation de son
fonds, celui-là en a pris en mains l'administration et la
dir   on. Il est le premier intéressé à ce qu'elle soit flo-
rissante, et, comme son intérêt est intimement lié à l'intérêt du colon, on peut lui permettre les améliorations,
les modifications qu'il juge profitables. Je prends des
exemples :

Voici une terre où les céréales ne donnent qu'un produit médiocre ; une autre culture y donnerait de meil-
leurs résultats; le maître peut, sans aucun doute, établir
cette nouvelle culture. Je vais même plus loin et je concède le même droit au maître, dans le cas où l'améliora-
tion projetée ne devrait donner des bénéfices qu'après
la sortie du colon partiaire, telle serait par exemple, une
plantation de vignes.

Seulement, il faut distinguer La plantation de vignes
est-elle faite sur un terrain inculte, le colon n'a droit à
aucune indemnité; est-elle faite au contraire sur un
champ où l'on récoltait d'autres produits: le colon qui
se trouve privé de ces produits, et qui ne recueillera pas

ceux que donnera plus tard la vigne, aura évidemment droit à une indemnité.

Ce qui importe, en cette matière, c'est que tout en sauvegardant les intérêts du colon, on n'entrave pas l'initiative du propriétaire, et qu'on ne rende pas le colonat partiaire incompatible avec les améliorations agricoles. Résultat d'autant plus fâcheux que les contrées qui réclament les plus urgentes améliorations agricoles, sont précisément celles où la culture à mi-fruits a jeté ses plus profondes racines.

C'est ainsi que les différences constitutives qui séparent le bail à ferme du bail à portion de fruits, nous enseignent dans quelle mesure l'article 1723, dont l'explication est maintenant achevée, doit être appliquée à chacun de ces deux contrats.

IV.

Obligations du colon.

« Si le preneur d'un héritage rural, dit l'article 1766,
» ne le garnit pas des bestiaux et des ustensiles néces-
» saires à son exploitation, s'il ne cultive pas en bon
» père de famille, s'il emploie la chose louée à un
» autre usage que celui auquel elle a été destinée, ou,
» en général, s'il n'exécute pas les clauses du bail et
» qu'il en résulte un dommage pour le bailleur, celui-ci
» peut, suivant les circonstances, faire résilier le bail.
» En cas de résiliation provenant du fait du preneur,
» celui-ci est tenu des dommages-intérêts, ainsi qu'il est
» dit en l'article 1764. »

On voit déjà que, quelle que soit la généralité des termes de cet article, la première obligation qu'il impose au preneur, ne saurait convenir au colonat partiaire. Ce n'est pas le colon qui fournit les bestiaux, du moins en règle générale, et il n'y a à cela rien d'étonnant, puisque l'association partiaire suppose précisément que le travailleur est dépourvu de tout capital. Le plus souvent même, son dénûment est tel que le maître non-seulement fournit les instruments aratoires, les semences et les bêtes de somme, mais encore pourvoit, par des avances, à la nourriture du métayer.

Les autres dispositions de l'article 1766 me paraissent pouvoir être étendues à notre contrat. Seulement, elles seront appliquées dans un but différent. C'est dans un but de conservation seulement que la loi impose au fermier les obligations qui viennent d'être énumérées. Peu importe, après tout, qu'entre ses mains l'exploitation soit féconde ; il est le seul intéressé à ce qu'il en soit ainsi ; le bailleur n'aura jamais droit qu'à un prix fixe, le fermier est donc libre d'apporter à la culture un travail plus ou moins assidu. L'essentiel c'est que, par sa négligence ou ses mauvaises pratiques, il n'appauvrisse pas le sol et par là ne cause un préjudice qui pourra être encore sensible après la fin de son bail. Il en est autrement du colon. Il ne suffit pas qu'il conserve le fonds, qu'il évite d'appauvrir le sol : son travail doit en activer la fécondité. Pour lui, ne pas cultiver ou cultiver d'une manière incomplète, c'est refuser son apport ou ne l'effectuer qu'à demi, et faire naître, par conséquent, un droit au profit de son co-associé, le droit à des dommages-intérêts ; le droit pour le maître, à être indemnisé du préjudice que lui cause la non-culture.

C'est ici le lieu d'appliquer les règles générales contenues dans les articles 1142 et 1144, qui prévoient l'inexécution de l'obligation de faire. Le créancier a droit à être indemnisé ; il peut aussi être autorisé à faire exécuter lui-même l'obligation aux dépens du débiteur.

Toutefois, avant d'user de cette faculté, le propriétaire devra mettre le colon en demeure d'exécuter les travaux que comporte la culture et ce n'est que, sur le refus du colon, qu'il pourra être autorisé en justice à les faire faire à ses frais.

On a dit que le colon devait cultiver en bon père de famille. Ceci me conduit à rappeler dans quelle mesure sa responsabilité se trouve engagée et à quel point de vue il faut se placer pour apprécier les manquements dont il se serait rendu coupable. Voici, à mon avis, à quelles conditions le colon sera, quoiqu'il arrive, exempt de reproche. A t-il fait, en temps utile et suivant les usages du pays, les travaux qu'exige l'exploitation, le propriétaire ne pourra rien demander de plus. Sans doute, un cultivateur plus éclairé eut mieux fait peut-être, eut apporté plus d'intelligence dans l'accomplissement de ses obligations, eut employé des procédés perfectionnés ou suivi des règles nouvelles. Le colon n'est pas en faute. Le maître peut, au contraire, se reprocher de n'avoir pas choisi un auxiliaire plus habile.

Cette solution me paraît commandée par le principe, capital en notre matière, de l'*electa industria*. Du reste, il ne faut pas oublier que ceux qui abordent le colonat partiaire sont les deshérités de la classe agricole ; que l'ignorance est leur partage aussi bien que la pauvreté ;

qu'en contractant, ils promettent leur travail et non leur intelligence et que, enfin, ce n'est pas sans raison, que l'administration, dans l'association partiaire, a été déférée au maître.

C'est en s'inspirant de ces idées humaines et équitables que les tribunaux, souverains appréciateurs en ces matières, devront faire au colon partiaire l'application des règles générales de la responsabilité contenues dans l'article 1137.

Le métayer, devra encore, à l'exemple du fermier, laisser à sa sortie les terres en bon état, c'est-à-dire labourées ou semées suivant que le requiert l'époque de l'année où expire le colonat ; il devra pareillement laisser les pailles, foins et fourrages destinés à la métairie, ainsi que les fumiers et engrais de l'année ; mais partage-t-il avec le fermier l'obligation que l'article 1768 impose à celui-ci d'avertir le propriétaire des troubles ou usurpations commis sur le fonds ?

Troplong (1) conclut à l'affirmative par la raison que le Code se sert d'une expression générale : *Tout preneur de bien rural..* dit l'article 1768.

Il est difficile d'accepter une solution qui ne s'appuierait que sur un argument de cette force. Mais d'autres auteurs (2) ont cru justifier cette décision par la raison que le colon partiaire est, comme le fermier, le gardien de la chose.

Je ne crois pas que cette opinion, ni surtout la raison sur laquelle on la fonde, soient conformes à la nature du colonat partiaire. Comment peut-on dire que le colon est

(1) *Louage* n° 694
(2) V. not. Dalloz, Répert. V° *Louage à col part.*, n° 11.

le gardien de la chose ? Est-ce que le maître s'en est dessaisi ? Il ne s'est même pas dessaisi de la jouissance de cette chose, puisqu'il s'est borné à y faire participer le colon concurremment avec lui La confusion est ici évidente ; on a cru que le maître, comme le bailleur, était tenu de *délivrer* le fonds.

Si donc le principe est inexact, il faut rejeter la conséquence et dire avec M. Méplain (1) : » Le pro-
» priétaire (dans le colonat partiaire) ne perd pas de
» vue sa chose, il la tient sous sa main, l'administre et
» la possède directement. Si pour n'avoir pas agi en
» temps utile contre une usurpation, il en perd la
» possession et par suite la propriété, peut-il en accuser
» l'incurie du colon plus que la sienne propre ? Et de
» quel droit se plaindrait-il de n'avoir pas été averti
» d'un fait qui devait frapper sa vue plus encore que
» celle du colon, puisqu'il y était plus intéressé ? »

Peut-être pourrait-on apporter un tempéramment à ce système en faisant une distinction. Sans doute, en thèse générale, le maître qui n'abdique pas la jouissance doit pouvoir constater par lui-même les troubles ou usurpations ; mais si ces atteintes portées à sa propriété étaient de telle nature qu'elles ne pussent être connues que de celui qui cultive, peut-être devrait-on imposer au colon le devoir de les dénoncer

Toutefois, cette distinction, dont je n'ai du reste nulle part trouvé la trace, serait difficile à établir en pratique et mieux vaut s'en tenir à l'opinion adoptée et soutenue en si bons termes par M. Méplain.

(1) Ouvr. cit., n° 169.

Une autre question, plus gravement controversée, est
celle de savoir si la disposition de l'article 1733 du Code
civil, qui déclare le preneur responsable de l'incendie
jusqu'à preuve contraire, doit être étendue au colon
partiaire?

L'arrêt de la cour de Limoges, dont les motifs ont été
rapportés, reconnaissant au colonat partiaire les caractères de la société, en concluait que le colon devait être
affranchi de la présomption de faute, en cas d'incendie.
La cour de Nîmes (1), au contraire, qui assimilait le colonat partiaire au bail à ferme décidait que, dans l'un
comme dans l'autre contrat, cette présomption pesait
sur le preneur.

Je n'admets, pour ma part, ni l'une ni l'autre de ces
deux décisions contradictoires. De la première, j'admets
les prémisses, mais non la conclusion; de la seconde, au
contraire, j'approuve la conclusion en rejetant les prémisses.

Je crois que le colonat partiaire est une société, et
cependant je crois que le colon est soumis, en cas d'incendie, à la même responsabilité que le locataire ou le
fermier; c'est, qu'à mon avis, l'article 1733 n'est pas
une disposition exceptionnelle et dérogatoire au droit
commun, qui, par suite, doive être rigoureusement restreinte au louage; il n'est que l'application à un cas
particulier d'une règle générale qui embrasse tous les
cas dans lesquels une personne a reçu d'une autre une
chose qu'elle doit lui rendre. Or, le colon partiaire se
trouve dans ce cas; par conséquent la règle doit lui être

(1) Arrêt du 14 août 1850.—D. P. 51. 2. 111.

8

appliquée ; il a reçu du propriétaire une chose qu'il doit lui rendre ; si donc, à l'expiration du contrat, il se trouve dans l'impossibilité de faire cette restitution, il faut qu'il prouve que la chose a péri sans sa faute ; il faut qu'il prouve spécialement, en cas d'incendie, que sa faute n'a été pour rien dans la cause de destruction.

Ce sentiment, qui est celui de Troplong et de M. Méplain, n'est pas partagé par Duvergier, qui pense que l'article 1733 « crée une disposition rigoureuse , qu'il » établit une exception et qu'ainsi il ne doit être étendu » sous aucun pretexte. *Odia sunt restringenda.* »

Cette considération ne me paraît pas suffisante pour faire fléchir la puissante raison de droit qui sert de fondement à l'opinion contraire, et je conclus, en disant avec Troplong (1) : « L'article 1733 est le reflet d'un » principe général , en tant qu'il s'agit d'un débiteur » qui veut se décharger, par une exception de cas fortuit, de l'obligation de rendre la chose dans l'état où » il l'avait reçue. (2) »

Sur ces deux points, nous avons assimilé le colon au fermier ; l'article 1769 va nous fournir l'occasion de signaler entre eux une différence qui, d'ailleurs, est déjà connue.

Cet article, qui autorise le fermier à demander une remise sur le prix de location, en cas de sinistre majeur, est inconciliable avec la position du colon (3). La diminution doit, en effet, porter sur le prix et celui-ci ne doit pas un prix. Et puis si sa part est réduite par l'effet

(1) *Louage*, n. 366.

(2) V. en ce sens, outre les autorités déja rapportées, Marcadé, Art. 1734. 3.—Massé et Vergé,§ 672, note 20.—Limoges, 20 août 1848.

(3) V. le texte déjà cité de Gaïus, L. 25, 6, D. *loc cond.*

des fléaux atmosphériques , celle du propriétaire subissant, en vertu des mêmes causes , une diminution pareille, ne saurait être de nouveau amoindrie par des recours en indemnité; sans quoi l'égalité qui préside aux rapports des associés entre eux serait détruite.

Dans le bail à ferme, le bailleur ne supporte jamais aucune portion de la perte qui peut survenir lorsque les fruits ont été détachés du sol (1) : il en est autrement dans le colonat partiaire ; comme les fruits sont partagés entre le propriétaire et le colon, il s'ensuit que, à quelque époque que survienne la perte, avant le partage, cette perte est nécessairement supportée en commun par les deux parties. Une restriction est cependant nécessaire. Si au moment où la perte est survenue, le colon était en demeure de livrer au propriétaire sa portion de fruits, il devrait la supporter seul, en vertu de ce principe que chacun est tenu de réparer le préjudice qu'il a causé à autrui par sa faute ou sa négligence (2).

Voici encore une obligation spéciale au colon partiaire. Chargé de la perception des fruits, il doit, avant de commencer une récolte, avertir le maître (3), afin que celui-ci surveille ses intérêts, devenus alors plus individuels. Il doit l'avertir également avant de rentrer la récolte (4) ; il doit engranger cette récolte dans les lieux à ce destinés (5) ; enfin, il ne peut disposer des produits du fonds, qu'après qu'ils ont été partagés (6).

(1) Art. 1171.
(2) Duvergier, tom. 4. 93.
(3) Arg. d'analogie tiré de l'art. 1814.
(4) M Méplain, *ibid*, n. 200.
(5) Art 1767.
(6) Duvergier, tom 4, n. 94.

Les obligations du colon, que nous avons successivement parcourues, sont des obligations personnelles, en ce sens quelles ne peuvent être accomplies que par des actes de la personne. Il faut que le colon cultive par lui-même. L'article 1763 porte, en effet, que « celui » qui cultive sous la condition d'un partage de fruits » avec le bailleur, ne peut ni sous-louer, ni céder, si la » faculté ne lui en a été expressément accordée par le » bail. »

En matière de bail à ferme, au contraire, le droit de sous-louer est de droit commun et le preneur ne peut en être privé que par une stipulation expresse. La raison de cette différence est facile à concevoir. Dans le bail ordinaire, peu importe au bailleur quelle personne occupe les lieux loués, pourvu que le prix lui soit régulièrement payé. Qu'il soit payé par une main ou par une autre, cela importe peu. Au contraire, le colon est un associé, et c'est un principe en matière de société que personne ne peut y être introduit, sans le consentement de tous les associés. Lorsque le propriétaire a choisi un colon, il y a été déterminé par l'industrie de tel individu, et il y aurait injustice à le forcer à subir un auxiliaire qui n'aurait pas sa confiance (1). Car, par la nature de leurs rapports, le maître et le métayer, dit Bretonnier(2), « sont obligés d'être perpétuellement assemblés pour » partager les fruits. »

Cette sage disposition a été introduite dans le Code sur les observations de la cour d'Aix (3). Elle était

(1) Galli, *Fenet*, t. 14, p. 317.
(2) T. 4, p. 320.
(3) *Fenet.* t. 3, p. 59.

d'ailleurs de droit commun dans l'ancienne jurisprudence, et elle n'est que l'application de cette règle qui régit les obligations de faire et qui s'oppose à ce que le débiteur puisse, sans la volonté du créancier, se décharger sur un tiers de l'obligation qui lui est imposée.

Cette nécessité pour le colon de cultiver par lui-même a paru tellement inhérente à la nature du contrat, que l'on a cru devoir accorder au maître, dans le cas où il y aurait transgression de la part du métayer, le droit de rentrer dans l'entière disposition de son exploitation. « En cas de contravention, porte l'article 1764, le » propriétaire a droit de rentrer en jouissance, et le » preneur est condamné aux dommages-intérêts résul- » tant de l'inexécution du bail. »

Bien que cette disposition soit conçue en termes généraux et absolus, Duvergier (1) estime que le colonat partiaire ne devrait pas être résilié et que le colon devrait être maintenu en jouissance, si déjà, avant la demande du maître, il avait expulsé le sous-locataire ou le cessionnaire et repris personnellement la culture du fonds ; si, même, la demande étant déjà formée, il offrait de faire cesser le sous-bail ou la cession, si enfin il prouvait qu'aucun dommage n'a encore été causé, etc. Troplong (2) partage ce sentiment et il n'est pas le seul (3). Et cela par la raison que, dans le bail à ferme, lorsque le preneur a contrevenu à la défense expresse qui lui avait été faite de sous-louer ou de céder, la jurisprudence, au

(1) Tom. 4, n° 90.
(2) *Louage*, n° 611.
(3) V. not. Répert. de Dalloz, v° *Louage à col. part*, n° 25.

lieu de déclarer le bail résilié dans tous les cas, a, au contraire, admis les distinctions et les tempéramments qui viennent d'être indiqués ; et que, dès lors, il ne faut pas se montrer plus sévère à l'égard du métayer.

Qu'en fait, les tribunaux, tenant compte d'une bonne foi évidente ou de l'absence complète de préjudice, n'aient pas toujours, dans le cas dont s'agit, résilié le bail partiaire, on ne saurait les en blâmer. Mais que l'on érige cette mansuétude en principe, c'est ce que je n'admets pas, bien qu'en cela je m'insurge contre une opinion générale. Quelle faute plus grave le colon peut-il commettre que celle d'abandonner l'exploitation, de briser le lien qu'il a consenti, et de partir en laissant la ferme et tous les objets qui en dépendent entre les mains du premier venu, et cela à l'insu du propriétaire? Et peut-on dire sérieusement qu'un grief aussi grave sera effacé par la raison que le colon, sous le coup d'un procès, aura manifesté un repentir peu spontané et consenti à reprendre l'exploitation ? L'opinion que je combats s'appuie, dit-on, sur la jurisprudence : cela ne prouve pas qu'elle soit fondée en doctrine : mais, d'ailleurs, est-ce que la jurisprudence, et celle de la cour d'Aix notamment, n'admet pas que le fait seul de la part d'un associé d'avoir nié sa qualité d'associé constitue un manquement assez grave pour amener contre lui la dissolution de la société? Or, dans l'espèce, la conduite du colon n'implique-t-elle pas la méconnaissance la plus formelle de sa qualité d'associé ? Au surplus, l'opinion que je soutiens ici contre tous les auteurs, pourrait se passer de raisonnements ; elle s'appuie sur le texte formel de l'article 1764.

Ainsi donc, le colon est obligé de cultiver personnellement ; mais il n'en faut pas conclure qu'il est tenu
d'exécuter de sa main tous les travaux que comporte
la culture : la nécessité même exige qu'il y emploie sa
famille et ses serviteurs. Ce que la loi veut, c'est qu'il
conserve le rôle principal dans l'exécution des travaux
et qu'il soit directement intéressé à leurs résultats ; car
c'est en cela que consistent les garanties sur lesquelles le
propriétaire a compté, et que la sous-location ou la
cession feraient disparaître,

Mais s'il ne peut ni sous-louer, ni céder, le colon
pourra-t-il du moins user de la faculté que l'article 1861
confère à chaque associé, de s'associer une tierce personne relativement à la part qu'il a dans la société?
M. Méplain (1) lui reconnaît le droit de former ainsi une
sous-société. « On désigne, dit-il, sous le nom de *per-*
» *sonniers*, ces sous-associés que le colon choisit quel-
» quefois au-dehors, le plus souvent parmi les membres
» de sa famille. »

Cette pratique peut être dangereuse pour le maître,
qui devra soigneusement veiller à ce qu'elle ne recouvre
pas une cession véritable ; néanmoins, je partage l'avis
de M. Méplain, et ce qui m'y décide, c'est cette idée
que le colon n'a le plus souvent d'autre moyen de doter
ses enfants que d'associer ainsi à son travail ses fils et ses
gendres. « Il est évident, au surplus, ajoute le même
» auteur, que, quelles que soient les conventions par-
» ticulières de ces sous-associations, le contrat princi-
» pal n'en est point affecté, et que le lien subsistant entre

(1) *Ibid.*, n. 177, note.

» le colon et le maître, avec lequel il a contracté ne
» peut en être ni relâché ni resserré. »

Nous savons que le colon doit son travail personnel.
Mais dans quelle mesure le doit-il? Dans quelle mesure
faut-il lui faire application de l'article 1847 qui dispose
que « les associés qui se sont soumis à apporter leur in-
» dustrie à la société lui doivent compte de tous les gains
» qu'ils ont faits par l'espèce d'industrie qui est l'objet
» de cette société? »

Les termes de cet article sont évidemment trop absolus pour l'association partiaire ; je vais dire dans quelle
mesure, il faut, à mon avis, les restreindre. En principe,
le colon doit tout son temps et tout son travail à l'exploitation. Que si cependant les soins de cette exploitation
sont insuffisants à l'occuper durant toute l'année, j'ad-
mettrai que lorsque tous les travaux ont été faits et bien
faits dans le fonds, il pourra aller travailler ailleurs. Mais
est-il besoin d'ajouter que le maître devra soigneusement
surveiller l'usage que le métayer fera de cette faculté,
dont l'abus serait si préjudiciable aux intérêts communs?

Je n'hésite cependant pas à accorder ce droit au colon,
parce qu'il me paraît avoir satisfait à toutes ses obligations dès lors que la culture du fonds ne laisse rien à
désirer, que chaque travail a été fait en son temps et avec
soin. Toutefois je ne crois pas que cette concession doive
impliquer pour le colon le droit de prendre un autre
fonds à métayage. Il y aurait, ce me semble, dans ce fait
un grief assez grave pour que, sur la demande du propriétaire, le premier colonat partiaire fût résilié. Néanmoins, tel n'est pas le sentiment de M. Méplain qui, dans
ce cas, se borne à donner au maître le droit de deman-

der des dommages-intérêts, si la seconde exploitation a
nui à la première.

Il existe, au point de vue qui nous occupe, un lien évident entre l'article 1847, qui vient d'être expliqué, et
l'article 1859, § 2, placé au même titre des sociétés. Ce
dernier article porte que « chaque associé peut se servir
» des choses appartenant à la société, pourvu qu'il les
» emploie à leur destination fixée par l'usage, et qu'il
» ne s'en serve pas contre l'intérêt de la société, ou de
» manière à empêcher ses associés d'en user selon leur
» droit. »

Troplong (1) voit une application de cette disposition
dans l'espèce suivante : Une société entretient des chevaux ; quand ces chevaux ne travaillent pas et que la
société n'en a pas besoin, l'un des associés pourra s'en
servir pour une promenade, pour le transport de ses
effets particuliers, pourvu qu'il ne les soumette pas à
une fatigue trop grande.

C'est cette interprétation qu'invoquerait sans doute le
colon qui, suivant la trop commune habitude, préten-
drait au droit de *faire des charrois* avec les bêtes de sommes et les charrettes qui lui ont été remises par le
maître. Rien n'est plus contraire que cette pratique à la
nature de l'association partiaire et rien aussi n'est plus
funeste à l'exploitation.

Sans doute, il faut appliquer l'article 1859 au colon
en ce sens qu'il pourra avec les chevaux et les charrettes
de la société, faire une promenade, transporter ses effets particuliers lorsqu'il entre dans la ferme ou qu'il la

(1) *Soc.* 731.

quitte; mais se servir de la chose de la société pour la louer ou la prêter à des tiers, ce n'est plus exercer un droit d'usage personnel, c'est consentir sur cette chose un louage ou un commodat, c'est par conséquent la détourner de la destination qu'elle a reçue dans la pensée des associés. Ainsi, le colon qui, ayant *fait des charrois*, en retient le prix, réalise un gain illégitime. Et il ne serait pas suffisamment excusé par l'offre de partager les produits, non plus que par l'allégation qu'au moment des charrois, l'état des terres ne permettait pas l'emploi des bestiaux dans le fonds; car, comme on l'a fait justement observer (1), leur séjour à l'étable dans les temps de chômage entre dans les prévisions de l'économie agricole comme une nécessité, et ainsi, le maître, même dans ce cas, aurait droit à des dommages-intérêts. Le *quantum* de ces dommages-intérêts variera suivant que les charrois ont été faits dans un temps plus ou moins inopportun, par exemple, à l'époque des labours, des semences, etc.

En outre de la prestation spéciale au colonat partiaire, le colon s'engage, dans certains pays, à payer chaque année au propriétaire une somme d'argent déterminée, à titre *d'impôt, de loyer, de prestation, de charges de culture, de droits de moissons*, etc. « Le métayer, dit Duranton (2),
» ne paie pas un prix en argent, si ce n'est ordinaire-
» ment une somme pour son logement et pour sa part
» dans les impôts, ce que l'on appelle *charges de cul-*
» *ture;* et cette somme, il est tenu de la payer sans di-
» minution, encore que la récolte eût manqué tout à

(1) *Dalloz, Ibid.*, n. 17.
(2) Tome 17, n. 177.

» fait par cas fortuit, car ainsi qu'il vient d'être dit, il
» la promet pour son logement et pour sa part dans les
» impôts. »

Ainsi, le métayer paie pour son logement dans les bâtiments du domaine, mais non pour les bâtiments d'exploitation, ni pour les terres ; car pour ces objets, dont la jouissance appartient complètement à la société, il ne doit pas de prix.

A ce sujet, on peut se demander si, en l'absence d'une convention expresse, le propriétaire peut exiger du colon une prestation en argent? On résout ordinairement cette question par une distinction. Le propriétaire ne peut rien réclamer à titre de *charges de culture*, qu'en justifiant d'une convention expresse, alors même que, d'après les usages du pays, le colon serait généralement soumis à cette prestation. Je crois aussi que le propriétaire ne pourrait rien exiger, à titre de loyer, qu'en vertu d'une convention expresse. En effet, le séjour du colon au centre de l'exploitation est utile à l'intérêt commun des parties ; c'est bien moins comme locataire que comme associé qu'il y réside ; dès lors, il ne doit rien au propriétaire pour ce fait, sauf stipulation contraire.

Mais il en est autrement pour les impôts. En l'absence de toute convention le colon doit y contribuer, parce que cette obligation lui est imposée par la loi elle-même.

V

Principes généraux
qui doivent présider à l'administration
dans le colonat partiaire

Le propriétaire qui a affermé son héritage n'a pas le droit de s'immiscer dans l'exploitation du fermier. La raison en est simple : il n'y a aucun intérêt; que l'exploitation soit conduite avec plus ou moins d'intelligence, qu'elle donne de bons ou de médiocres résultats, peu lui importe; la quotité du fermage qu'il doit recevoir, sera toujours invariable. Il en est autrement de celui qui met son fonds en valeur au moyen d'une association partiaire; directement intéressé aux résultats, il a, par là même, le droit de prendre part à l'exploitation. Or, comme l'expérience montre que le colon n'est guère en mesure de fournir que son travail et que l'intelligence lui fait souvent défaut, ce sera au maître, qu'il appartiendra de diriger son travail.

D'un autre côté, le colon est aussi directement intéressé que le maître, au succès de l'exploitation; il répond en outre de la bonne exécution des travaux, et cette responsabilité suppose nécessairement chez lui une liberté d'action réelle. Il faut donc déterminer quel est celui dont la volonté, en cas de dissentiment, doit l'emporter sur la volonté de l'autre. Cette question, on le comprend, ne saurait être tranchée, *a priori*, d'une manière absolue.

« Si le métayer, dit M. de Gasparin (1), a des ordres
» à recevoir de son maître, parce que celui-ci est direc-
» tement intéressé au succès de la culture, et s'il jouit
» ainsi d'un degré de moins d'indépendance que les
» fermiers, cependant les ordres qu'il reçoit, ne
» peuvent jamais être de nature à ne pas être modifiés
» par sa propre opinion, et ses intérêts sont ainsi mis
» dans la balance. D'ailleurs, on conçoit que les direc-
» tions du propriétaire, ne peuvent jamais être que fort
» générales et concernant seulement la culture du
» domaine dans son ensemble ; elles ne pourraient être
» détaillées et de chaque moment sans beaucoup
» d'inconvénients ; ainsi, le métayer est le plus souvent
» la partie dirigeante des travaux. »

C'est ce qui arrive notamment dans les pays et
dans les temps où, au grand détriment de l'agriculture
et de la production nationale, le maître, retenu dans la
ville par ses affaires, ses plaisirs ou ses préjugés, abdique le rôle prépondérant qu'il doit jouer dans l'exploitation de son domaine, et ne se souvient qu'il est propriétaire que le jour où il a à toucher le prix de quelques
maigres récoltes que son incurie et son éloignement
amoindrissent chaque année. Quand règne ce fléau, que
l'on a appelé *l'absentéisme*, le cultivateur agit seul, sans
direction, le plus souvent à sa guise. Où commencera
sa responsabilité ?

« Lorsque le maître s'abstient de commander et de
» défendre, dit M. Méplain (2), le colon peut agir selon
» ses connaissances et ses idées ; lors même qu'il aurait

(1) Ouvr. cité.
(2) *Ibid* n° 184.

» pu mieux faire, il est à l'abri du reproche s'il n'a
» manqué que par erreur et non par négligence et
» mauvaise volonté. *Il n'est pas même tenu de se confor-*
» *mer à l'usage des lieux.* » Je partage l'opinion de
M. Méplain, sauf en ce qui touche ce dernier point. Je crois
en effet que le colon, en l'absence d'une prescription
contraire du maître (et ici on suppose que le maître n'a
rien dit), doit toujours se conformer à l'usage du pays.
Tous les auteurs, depuis Pothier (1), sont unanimes pour
dire qu'en matière de conductions rurales les usages
locaux sont d'un grand poids ; c'est pourquoi je pense
que ce n'est qu'à la condition de s'y conformer, que le
colon se soustraira à toute responsabilité. Et qu'on ne
dise pas, avec l'auteur dont je combats ici le sentiment,
qu'en imposant au métayer le respect des usages locaux,
je l'enferme dans le cercle étroit de la routine. Il est
bien évident en effet que s'il n'a secoué le joug de l'usage
que pour faire mieux qu'on ne fait généralement, le
maître ne se plaindra pas et partant la responsabilité du
colon ne saurait être engagée. Mais je dis, qu'à cultiver
autrement qu'on ne cultive d'après les habitudes locales,
le colon doit au moins cultiver aussi bien, c'est-à-dire
obtenir des résultats au moins aussi bons ; sans quoi
il sera en faute.

Supposons maintenant que le maître ait exprimé sa
volonté. Nous avons vu qu'il avait le droit de donner des
ordres, mais que le colon avait le droit de discuter ces
ordres sans jamais être astreint à une obéissance passive.
Cependant on doit admettre, ce me semble, que lorsque

(1) *Louage*, n° 225.

le colon en ne se conformant pas aux ordres du maître,
a causé un préjudice à la société, il doit en supporter
seul les conséquences. Mais le maître a-t-il le droit de
le contraindre à y obtempérer sans attendre l'évènement ? Oui, s'il s'agit de l'empêcher de faire une chose
évidemment contraire à l'intérêt commun ; oui, encore
s'il s'agit de l'obliger à faire un travail prescrit par
l'usage ; mais en serait-il de même s'il s'agissait d'imposer au colon l'emploi d'un procédé nouveau ?

La question, cette fois, est plus embarrassante, car,
suivant comment on la résout, on se heurte à tel ou à
tel autre écueil. Sans doute, il faut avoir un légitime souci
des améliorations agricoles, si nécessaires partout, mais
plus encore dans les contrées où règne le colonat partiaire. D'un autre côté, peut-on oublier que c'est en
agriculture surtout que les utopies sont fréquentes et les
illusions faciles ? Enfin, ne faut-il pas remarquer que si
l'insuccès d'une innovation se résout pour le maître en une
privation momentanée, souvent inaperçue, il est, pour
le colon, la perte de toute une année de travail et devient
ainsi une ruine complète ?

Chacune de ces considérations mérite qu'on la res-
pecte. Voici comment on peut, tout en les conciliant,
résoudre la question posée. Quand le maître prescrit
l'emploi d'un procédé nouveau, le colon, avant d'agir,
a le droit d'exiger qu'il prenne pour son compte la responsabilité du succès ; si le propriétaire refuse, le colon
peut lui opposer la force d'inertie. Alors, si le propriétaire persiste, il faut qu'il saisisse le juge de la contes-
tation. Le juge entend chacune des parties ; puis il prononce dans sa sagesse. En général, il doit se montrer ré-
servé à l'égard des innovations, et rejeter la demande

du propriétaire toutes les fois qu'il ne peut l'appuyer d'une expérience bien établie ou d'une notoriété bien constatée. « Ainsi mesurée, dit M. Méplain (1), l'autorité » accordée au propriétaire n'a plus de dangers ; elle » se concilie avec le droit du métayer, et le colonage » partiaire peut se défendre jusqu'à un certain point du » reproche qui lui a été si souvent adressé, d'être un » obstacle invincible aux améliorations et d'être le » compagnon inséparable de la routine. »

Enfin, une exploitation intelligente, pour stimuler la fécondité du sol, devra recourir à des engrais artificiels. Qui devra les payer ? Et d'abord si le propriétaire se charge seul de l'achat des engrais, le colon n'est pas recevable à entraver son initiative. Mais je crois qu'à moins d'une convention expresse, le propriétaire ne peut obliger le colon à contribuer aux frais d'achat, sauf ce qui va être dit pour le cas d'insuffisance par force majeure. Il ne faut pas oublier, en effet, que le colon ne s'engage à fournir qu'une seule chose, son travail ; lui demander autre chose, c'est lui demander plus qu'il n'a promis et plus qu'il ne peut donner. Tout le mécanisme du colonat partiaire repose sur cette idée que le colon n'a pas d'argent.

Les engrais ainsi achetés par le propriétaire, leur conduite et leur expansion sont à la charge du métayer, pourvu cependant qu'elles puissent se faire au moyen des bêtes de somme du domaine ; dans le cas contraire, les frais de transport ne devraient pas être supportés par lui, car, il ne faut pas l'oublier, il ne doit que son travail.

(1) *Ibid.*, n. 186.

Si par l'effet de quelque accident naturel, tel que sécheresse ou inondation, les pailles et fourrages venaient à manquer dans la métairie, et qu'il fût nécessaire d'en acheter pour l'entretien des bestiaux et la production des engrais, cette dépense devrait être supportée en commun par le propriétaire et par le colon. En effet, il s'agit ici d'une perte occasionnée à la société par force majeure; elle doit donc être subie en commun (1). Il serait contraire à l'équité et aux principes que le propriétaire, c'est-à-dire l'un des associés, la supportât tout entière. C'est ici, d'ailleurs, le cas d'appliquer l'article 1859, § 3, suivant lequel chaque associé a le droit d'obliger ses associés à faire avec lui les dépenses qui sont nécessaires pour la conservation des choses de la société.

VI.

Durée du colonat partiaire.

Quand et comment le colonat partiaire prend-il fin? C'est la dernière question que nous avons à examiner.

Et d'abord il est évident que si, comme cela se pratique le plus souvent, notamment en Provence, une durée limitée lui a été assignée par la convention, il finira naturellement à l'expiration du temps fixé. Le colon devra alors quitter le domaine et le propriétaire en reprendra la libre administration.

(1) Argument d'analogie tiré de l'art. 1771.

Mais si la durée n'en a pas été déterminée à l'avance que faudra-t-il décider?

Si l'on appliquait à notre contrat les règles du bail à ferme, il faudrait s'en référer sur ce point à l'article 1774 et dire en conséquence que le bail fait sans écrit est réputé fait pour le temps qui est nécessaire afin que le colon recueille tous les fruits du domaine; qu'ainsi, le bail à métairie d'un pré, d'une vigne, et de tout autre fonds dont les fruits se recueillent en entier dans le cours de l'année, est censé fait pour un an; et que le bail des terres labourables, lorsqu'elles sont divisées par soles,— est censé fait pour autant d'années qu'il y a de soles. Enfin si, à l'expiration de ce nombre d'années, le colon conservait l'exploitation du fonds, sans que le bailleur s'y opposât, il faudrait dire que le bail partiaire reprend son cours pour une nouvelle période, par l'effet de la tacite reconduction.

Mais on sait que cette doctrine n'est pas celle qui a été suivie jusqu'ici dans ce travail. Nous avons admis que ce n'était que par exception que le colonat partiaire se pliait aux règles du bail à ferme, et que, en thèse générale, c'étaient celles du contrat de société qu'il fallait lui appliquer. Puisqu'il en est ainsi, c'est aux articles 1866 et suivants du Code civil que nous demanderons la solution de la question qui nous préoccupe.

« La société finit, dit cet article:

» 1° Par l'expiration du temps pour lequel elle a été » contractée;

» 2° Par l'extinction de la chose, ou la consommation » de la négociation;

» 3° Par la mort naturelle de quelqu'un des associés;

» 4° Par la mort civile, l'interdiction ou la déconfi-
» ture de l'un d'eux ;

» 5° Par la volonté qu'un seul ou plusieurs expriment
» de n'être plus en société. »

I. — Les parties, on l'a vu, sont pleinement maîtresses
d'assigner à l'exploitation partiaire telle durée que bon
leur semble. Ce principe toutefois comporte un tempéramment dicté par l'équité. Il faut que la durée du colonat soit telle que le colon qui a donné son travail, ait le
temps de percevoir tous les fruits que ce travail a fait
naître. Toute stipulation qui rendrait cette perception impossible ou empêcherait qu'elle fût complète, donnerait
au contrat un caractère léonin et le frapperait par conséquent de nullité.

Voilà pour le cas où la durée du colonat partiaire a
été déterminée : mais qu'en sera-t-il si sa durée n'a pas
été fixée par les parties ? La loi du 18 décembre 1790 (1)
prohibe expressément les baux perpétuels. Les sociétés
perpétuelles doivent être pareillement interdites (2). La
conséquence de cette prohibition est évidemment de
placer le bail ou la société contracté à perpétuité, dans
la condition d'un contrat sans assignation de terme. Il
faut donc dire que le colonat partiaire, conclu sans
assignation de durée, constitue une société illimitée, à
laquelle chaque associé pourra mettre fin, quand bon
lui semblera, pourvu qu'il n'exprime pas sa volonté de

(1) Article premier.
(2) Il en était ainsi en droit romain : *Nulla societatis in æternum
coitio est* (Paul 1,70. D. *Pro soc.*)

mettre fin à la société de mauvaise foi et en temps inopportun. Aucune autre condition n'est posée pour l'exercice de cette faculté (art. 1869).

Lors au contraire qu'un terme a été fixé à la durée de la société, tous les associés ensemble peuvent bien devancer le terme, mais un seul associé ne pourrait pas exiger la dissolution d'après l'article 1869 ; il pourrait seulement, en vertu de l'article 1871, demander cette dissolution, s'il y avait de *justes motifs* pour justifier la cessation de la société. Comme exemple de *justes motifs* l'article cite le cas où un associé a manqué à ses engagements, celui où il a contracté une infirmité habituelle qui le rend inhabile aux affaires de la société, etc.

Toutes ces dispositions sont parfaitement applicables au colonat, quand sa durée a été limitée ; quand elle ne l'a pas été, la seule volonté du maître et du colon peut, conformément à l'article 1869, dissoudre l'association partiaire.

En matière de bail à ferme, si, après l'expiration du temps pour lequel il a été contracté, le bail continue d'être exécuté du consentement des deux parties, un nouveau bail se forme, *ipso facto*, dont la durée sera celle assignée aux baux dont le terme n'a point été fixé par la convention (art. 1776) : c'est la tacite reconduction.

En matière de société, l'article 1866 édicte une disposition contraire : « La prorogation d'une société
» à terme limité, dit cet article, ne peut être prouvée
» que par un écrit revêtu des mêmes formes que le
» contrat de société. »

Lequel de ces deux principes contradictoires appliquerons-nous au colonat partiaire ? En fait, ce contrat est très fréquemment prorogé du consentement des parties. Si cette prorogation, comme cela aura lieu le plus souvent, n'est pas constatée par écrit, dirons-nous, d'après le principe de l'article 1866, que les parties ne sont plus liées, ce qui serait contraire à une pratique constante ? Ou bien, pour que le lien se soit réformé, en l'absence de tout écrit, serons-nous obligés de recourir au principe de l'article 1776, qui répugne au contrat de société, et de l'appliquer au colonat partiaire ; ce qui créerait une grave différence entre deux contrats que nous avons la prétention d'assimiler ?

Certes, le dilemme paraît embarrassant. Il y a cependant une issue.

Je crois que le colonat partiaire, à l'exemple de la société, n'admet pas la tacite reconduction. Mais je crois qu'en cas de prorogation sans écrit, les parties n'en sont pas moins liées. Et voici comment. La jurisprudence admet depuis longtemps, comme preuves suffisantes de l'existence des sociétés , des inductions tirées de faits d'exécution appuyées d'un commencement de preuve par écrit. Or, quels faits peuvent être plus significatifs, plus concluants, que le fait de la continuation de l'exploitation ? Et comment cette continuation de l'exploitation pourrait-elle s'expliquer sans la prorogation du contrat ? C'est ainsi qu'il est possible, grâce à cette jurisprudence, d'attribuer à la prorogation sans écrit du colonat partiaire, une sanction et un effet juridique sans recourir au principe, incompatible avec la société , de la tacite reconduction.

II. — La société est dissoute par l'extinction de la chose ou la consommation de la négociation,

La première de ces deux causes d'extinction peut atteindre le colonat partiaire. Pour que cela se réalise, il faut supposer que le sol, la terre, qui fait l'objet du contrat, a subi une modification profonde. Tel serait le cas où des terres, voisines d'un fleuve, seraient emportées par les crues, ou frappées de stérilité par l'inondation qui dépose sur le sol une couche de sables arides. Ici, sans doute, la chose sur laquelle porte le contrat, ne périt pas, mais elle est profondément transformée et on peut même dire, en se plaçant au point de vue du contrat, qu'elle n'existe plus. Elle n'a plus, en effet, ce en vue de quoi on a contracté, c'est-à-dire sa fécondité, sa vertu productive.

Toutefois, pour que la perte ou la modification ainsi survenue entraîne la résolution du contrat, il faut que la partie du sol où la culture est devenue impraticable, soit assez importante pour faire présumer que le contrat n'aurait pas eu lieu si les choses avaient été en cet état lorsqu'il a été formé.

M. Méplain (1) pense que lorsque les bâtiments de la ferme ont été incendiés, l'exécution du contrat devient impossible et qu'ainsi il y a résolution par extinction de la chose. Pour partager cette opinion, il faut admettre, en thèse générale, que l'exploitation d'un domaine est devenue absolument impossible lorsque le corps de ferme a été détruit; ce que je ne crois pas.

Mais le colonat partiaire finira-t-il comme la société par la *consommation de la négociation.*

(1) *Ibid*, n. 311.

Cette question a déjà été, au moins implicitement, résolue dans le sens de la négative; si j'y reviens, c'est pour combattre l'opinion qui, se fondant sur cette disposition du contrat de société, pense que le colonat partiaire, en l'absence de toute convention sur sa durée, doit, comme le bail à ferme, durer autant que la période d'assolement. La perception de l'ensemble des fruits du fonds serait alors cette *négociation unique* en vue de laquelle la société aurait été contractée.

Je ne crois pas possible d'assimiler l'exploitation du sol, par fermiers ou métayers, à une négociation unique, spéciale, comme serait, par exemple, la construction d'une maison ou la cargaison d'un navire. Non, la culture d'un fonds n'est pas une opération isolée; de ce qu'on a parcouru, en en percevant les fruits, les diverses soles, il ne s'en suit pas qu'il n'y ait plus rien à faire et que la société manque d'objet, comme en manquerait, une fois le navire chargé, la société formée pour la cargaison d'un navire. L'exploitation agricole apparaît au contraire comme une œuvre continue, dont les opérations diverses se succèdent, sans qu'arrive jamais un moment où, le but atteint, il n'y ait plus rien à faire. Si cela est vrai, le bail à métairie ne peut finir par la consommation de la négociation, et un terme certain pour sa durée ne pourra jamais résulter que d'une convention expresse (1).

(1) Il convient toutefois de faire remarquer qu'il existe en Provence, et notamment dans l'arrondissement d'Aix, une pratique constante qui, contrairement à cette doctrine, applique l'art. 1774 à la durée du bail à métairie comme à celle du bail à ferme.

III. — « La société finit par la mort naturelle, la mort
» civile, l'interdiction ou la déconfiture de l'un des
» associés. »

Il faut rapprocher de cette disposition celle de l'article
1868 : « S'il a été stipulé qu'en cas de mort de l'un
» des associés, la société continuerait avec son héritier...
» cette disposition sera suivie. »

C'est une ancienne et délicate controverse que de
savoir si le colonat partiaire sera dissous par la mort du
maître, et s'il le sera par celle du colon. Et d'abord est-
il rompu par la mort du maître ?

Bartole, Godefroy, Cujas et tous ceux pour qui le
bail à métairie constituait une société, admettaient que
le colonat expirait et invoquaient à l'appui de leur doctrine deux raisons puissantes. La première, que le contrat de société finit par le décès de l'un des associés ;
la seconde que toutes les fois que l'industrie d'une personne est entrée comme élément déterminant dans un
contrat, ce contrat expire au décès de cette personne.

Au contraire, les jurisconsultes qui, à la suite de Coquille
et du président Favre, faisaient du colonat partiaire un
contrat inommé, soucieux avant tout de prouver qu'il
ne constituait pas une société, rejetaient, comme une
affinité défavorable à leur doctrine, la dissolution du
colonat par le décès de l'une des parties, et par conséquent par celle du colon. Ces jurisconsultes ne furent pas
sans comprendre qu'en décidant ainsi, ils heurtaient le
principe de l'*electa industria* ; et alors ne pouvant le
réfuter, ils prirent le parti de le nier. Écoutons parler
Coquille (1). « Il y a diversité de raison : car en la

(1) *Quæst.* 206.

» société chacun des associés choisit la foi et l'industrie
» de son compagnon, laquelle considération est très-
» personnelle : ce qui ne se doit point dire en la mé-
» tairie parce que le labourage et la nourriture du bétail
» *ne sont chose d'industrie exquise et la fonction en est*
» *vulgaire, facile et aisée.* »

Ainsi donc, le bail à culture devait survivre au colon :
mais Coquille avait à peine énoncé son principe, qu'il
comprenait à quelles insurmontables difficultés se heur-
terait, en pratique, l'application de ce principe, et il
y apportait alors une restriction, qui suffit à en dévoiler
la faiblesse : « Cependant, ajoutait-il, si les hommes qui
» ont entrepris la métairie viennent à décéder et ne
» laissent que des femmes ou petits enfants, je crois que
» le propriétaire ne devra pas contraindre les survi-
» vants à l'exercice de la mestairie. On dira que l'im-
» possibilité n'y est pas, ains la seule difficulté, car la
» veuve et les enfants peuvent faire exercer par valet
» et *quia difficultas præstationis non impedit effectum*
» *obligationis.* Mais je crois que si la veufve ou héritiers
» mineurs ne peuvent continuer, sinon avec grande
» difficulté, qu'ils doivent être quittes de la mestairie. »

Le Code civil ne l'ayant pas tranchée, la difficulté est
restée entière : Delvincourt a adopté la première opinion ;
Duranton s'est décidé pour la seconde, et enfin Zachariæ
et Duvergier, qui assimilent de tous points le colonat au
bail à ferme, ont appliqué sans restriction l'article 1742
et rejeté l'exception, cependant obligée, de Coquille.

Je n'hésite pour ma part à adopter avec Troplong l'opinion de Bartole et de Cujas. Je dis que l'article 1742, aux
termes duquel le louage n'est dissous ni par la mort du

bailleur ni par celle du preneur, n'est pas applicable au colonat partiaire, parce qu'il est exclu, en ce qui concerne ce dernier contrat, par l'article 1763, qui interdit au colon de céder ou de sous-louer.

Qui ne voit, en effet, que si le droit du colon n'est pas cessible, les mêmes motifs s'opposent à ce qu'il se transmette par succession ? Loin que son industrie ne soit *pas chose exquise* et que *sa fonction soit vulgaire et aisée*, le colon a été choisi à raison de ses qualités personnelles, et le maître serait aussi bien trompé par le changement par succession que par le changement qui aurait pour cause une cession volontaire.

Mais alors, dira-t-on, si le colonat partiaire est régi par l'article 1865, il faut décider qu'il sera dissous par le décès de l'un quelconque des associés, c'est-à-dire par celui du propriétaire comme par celui du colon. Or, qui a jamais soutenu que la mort du propriétaire mît fin au bail à culture ?

Je réponds : Sur quoi est fondé l'article 1865 ? Sur cette idée que la personne de chaque associé ayant été une cause déterminante du contrat, le contrat doit cesser d'exister si l'un des associés disparaît. Mais si nous rencontrons une société où la personne d'un associé ait été indifférente et où l'on n'ait pris en considération que la personne de l'autre, ne sera-ce pas appliquer encore, non le texte, mais l'esprit de l'article 1865, que de dire que cette société survivra au premier associé et mourra avec le second ? C'est ce qu'a fait très-judicieusement la jurisprudence, d'accord en cela avec une pratique constante. Elle a reconnu que le propriétaire agissant *respectu personæ*, et le colon *respectu negotii*,

le contrat devait être résolu seulement par la mort du
second (1).

Les mêmes principes exigeront la même solution pour
tous les cas où le colon, sans mourir, tombera dans l'impossibilité de cultiver. Il y aurait lieu notamment à la dissolution du contrat, si le colon était interdit, ou même s'il
était emprisonné. Mais le bon sens indique que pour que
la captivité du colon éteigne le colonat, il faut quelle
soit d'une durée telle que l'exploitation soit sérieusement
suspendue. Il est évident, en effet, qu'un emprison-
nement de quelques jours ne saurait avoir ce résultat et
par conséquent n'affecterait en rien l'existence du contrat.

IV. — La société finit encore *par la volonté qu'un seul
ou plusieurs des associés expriment de n'être plus en
société.*

On sait déjà que cette cause d'extinction est fréquente
en matière de bail à métairie. C'est le moyen offert aux
parties pour mettre fin au contrat, lorsque sa durée est
illimitée. C'est ce qu'on appelle *la renonciation*, dont il
est parlé dans les articles 1869 et 1870. « La dissolution
» de la société, dit le premier de ces articles, par la
» volonté de l'une des parties, ne s'applique qu'aux
» sociétés dont la durée est illimitée, et s'opère par
» une renonciation notifiée à tous les associés,
» pourvu que cette renonciation soit faite de bonne
» foi et non faite à contre-temps. » — « La renoncia-
» tion n'est pas de bonne foi, ajoute l'article 1870,
» lorque l'associé renonce pour s'approprier à lui

(1) V. not. arrêt de la Cour de Paris, du 21 juin 1851.

» seul, le profit que les associés s'étaient proposés de
» retirer en commun. Elle est faite à contre-temps,
» lorsque les choses ne sont plus entières, et qu'il
» importe à la société que sa dissolution soit différée. »

Ainsi que je l'ai dit déjà en traitant ce point dans la
législation romaine, la nature du colonat partiaire révèle
dans quelle mesure et de quelle façon les dispositions
qui précèdent lui sont applicables.

Quand aucun terme n'a été assigné à la durée du
contrat, l'une des parties peut y mettre fin par sa seule
volonté. Il faut seulement que la renonciation, qui n'est
autre chose que l'expression de cette volonté de n'être
plus en société, soit faite de bonne foi et en temps
opportun. Le seul point à examiner est donc celui-ci :
Quand peut-on dire que la renonciation est faite de
mauvaise foi ou à contre-temps ?

Je ne puis que reproduire, à cet égard, ce qui a déjà
été dit dans la première partie de cette étude. La renonciation serait faite en temps inopportun, si elle avait pour
effet d'attribuer au colon des bénéfices en le déchargeant
du travail ou de lui laisser la charge du travail,
en le privant des bénéfices. C'est ce qui aura infailliblement lieu toutes les fois que la dissolution de
l'association partiaire sera demandée avant l'expiration
de l'année courante. Car, alors seulement, les travaux et
les bénéfices peuvent se balancer. D'où la conclusion :
la renonciation est frauduleuse quand elle se produit
dans le cours de l'année. Tel était d'ailleurs le sentiment
de Coquille(1) : « Si le bailleur exigeait un temps qui fût

(1) *Loc. citat.*

» du tout mal propre, comme par animosité ou mau-
» vaise volonté, au fort des moissons ou des labourages,
» le preneur pourrait demander et avoir son intérêt, à
» cause de la *dissolution intempestive de la société.* »

L'article 1870 exige en outre, et cela va de soi, que
cette renonciation soit notifiée ; et pour qu'elle n'ait pas
lieu à contre-temps, un délai, fixé par l'usage pour
chaque province, doit être observé entre le jour de la
notification et celui où la dissolution doit s'accomplir.
Et cela n'est que juste. La rupture immédiate, provoquée
inopinément par l'une des parties, ne pourrait qu'être
préjudiciable à l'autre.

Nous avons admis, en doctrine, que la rotation des
assolements était sans influence sur la durée du colonat
partiaire, lorsque les parties n'avaient pas fixé cette
durée à l'avance. Comme conséquence de ce principe,
il faut reconnaître que l'article 1775 est sans objet
pour le colonat partiaire, et que le congé est nécesaire
même pour faire finir le contrat avec la période d'assolement des terres. C'est ce qu'a décidé notamment
la cour de Limoges, par un arrêt, en date du 18
mars 1842, confirmatif d'un jugement du tribunal de
Brives.

Mais c'est à tort, selon moi, que cet arrêt s'est pareillement approprié la doctrine des premiers juges en ce
qui concerne la preuve du congé, et a décidé, en principe, que cette preuve pouvait être faite par témoins.
Ce n'est pas que, en matière de colonat partiaire, cette
preuve ne puisse jamais être faite par témoins, comme
cela a lieu pour le bail à ferme (1). Mais les termes de

(1) De Villeneuve.— *Journal du Palais*, 1843.

l'arrêt sont trop absolus. La vérité est, qu'il faut appliquer à la preuve du congé, la même règle qu'à la preuve du contrat qui y a donné lieu. Or, on a vu que le bail à métairie rentre, quant à la preuve de son existence, sous l'application du principe général posé en l'article 1341 du Code civil; il doit donc en être ainsi pour la preuve du congé.

Cette interprétation est formellement autorisée par un arrêt de la Cour de Cassation, en date du 12 mars 1816, qui porte que « le congé se rattache nécessairement au » bail dont il opère la résolution, et qu'il doit être » conséquemment régi par les mêmes principes. »

VII.

Partage.

Dans les sociétés ordinaires, les bénéfices ne sont partagés qu'au jour de la dissolution ; mais tous les commentateurs reconnaissent que cette règle générale souffre des exceptions, notamment lorsque la nature de l'opération faite en commun indique que, dans la pensée des associés, les profits ne devaient pas être accumulés. On cite, comme exemple, le colonat partiaire (1). Ici, en effet, les fruits se partagent, dans la proportion convenue, ou à défaut de convention sur ce point, d'après l'usage des lieux, aussitôt après la récolte.

En même temps que le partage des fruits, un règle-

(1) V. n. *Felicius*, cité par Troplong. Soc. n. 622.

ment de comptes doit intervenir entre les parties. Il est nécessaire, on le comprend, de dresser un état des achats et des ventes opérés en commun, ou par l'un des associés séparément, ainsi que des avances que le propriétaire peut avoir faites au colon ou réciproquement. Après quoi, le compte est définitivement arrêté. Ce règlement peut avoir pour effet de constituer l'une des parties créancière de l'autre. Comment cette créance sera-t-elle garantie? C'est ce qu'il reste à examiner.

Supposons d'abord que le propriétaire est créancier, le colon débiteur.

Voici ce qu'enseigne, à cet égard, Duranton (1) : « Il » n'est pas douteux que le propriétaire d'une mé- » tairie, ou d'un vigneronage donné à culture, moyen- » nant une portion de fruits, a privilége pour la somme » que le métayer ou cultivateur est tenu de payer an- » nuellement, d'après le bail, pour son logement, sa » part d'impôts, ou autres charges, appelées dans l'u- » sage de certains pays *charges de culture.* »

Une jurisprudence constante corrobore cette décision doctrinale. On peut donc tenir pour certaine l'existence d'un privilége au profit du propriétaire, pour la presta- tion colonique et l'acquittement des charges de culture. Mais on discute la question de savoir si ce privilége s'étend au remboursement des avances faites par le maître au colon. « Quant aux avances qui ont été faites » en grains ou en argent, dit encore Duranton, à un » fermier ou à un colon partiaire, pendant la durée du » bail, sans qu'il y eût de convention à ce sujet dans le

(1) Tomo 19, n. 71.

» bail, on peut dire avec Pothier, que ce n'est là qu'une
» créance ordinaire, un simple prêt, pour lequel, par
» conséquent, le privilége du bailleur n'existe pas ; sauf
» ce qui est dit à l'article 2102 quant au privilége pour
» fourniture de semences et pour prix d'ustensiles. Et
» toutefois Pothier lui-même, malgré cette raison,
» l'accordait pour ces sortes d'avances, parce que
» disait-il, sans elles le cultivateur n'eût peut-être pas
» pu continuer la culture, et dès lors, cela rentre dans
» les obligations résultant de l'exécution du bail. »

Après avoir reconnu que dans ses précédentes éditions,
il avait adopté l'opinion contraire, le même jurisconsulte ajoute : « Nous pensons que ces avances ne sont
» point un prêt avec les caractères ordinaires du prêt ;
» c'est une créance de propriétaire à fermier ou mé-
» tayer ; le propriétaire ne les a faites que pour pro-
» curer à celui-ci les moyens de cultiver le fonds. C'est
» donc en vue de la culture qu'elles ont été faites, et
» par conséquent en vue de l'exécution du bail ; et
» l'article 2102 accorde le privilége pour tout ce qui
» concerne l'exécution du bail. »

Cette opinion, à laquelle je me rallierai volontiers,
est en outre suivie par Troplong ; mais elle est combattue par Grenier, Delvincourt, Zachariæ, et par M.
Buguet sur Pothier. Les priviléges étant de droit strict,
disent ces auteurs, et la loi, dans l'espèce, ne donnant
privilége que pour ce qui concerne l'exécution du bail,
il est difficile de l'étendre aux avances faites par le
bailleur au preneur, postérieurement au bail.

La controverse, dont les éléments viennent d'être
indiqués, devient sans objet si on adopte, sur le fonde-

ment même du privilége, l'opinion émise par M. Méplain (1). « Envisagé au point de vue sous lequel nous
» avons jusqu'ici envisagé le bail à métairie, dit cet
» auteur, le droit de préférence nous semble avoir dans
» le contrat de société, une racine plus solide. Les
» charges de la culture, les frais de récolte et de per-
» ception des produits constituent l'apport du métayer ;
» si le maître est contraint, dans l'intérêt commun d'y
» pourvoir à sa place, le métayer est dans la position
» d'un associé qui ne peut et dont les créanciers per-
» sonnels ne peuvent retirer la part des bénéfices avant
» d'avoir acquitté la dette ; dans la position encore d'un
» héritier dont la part dans les dépenses, pour la ges-
» tion d'une propriété commune, a été payée par son
» co-héritier. »

Un extrait du *Commentaire de la Coutume du Berry*
autorise à croire que l'ancien droit assignait effective-
ment un fondement différent au privilége du bailleur,
suivant qu'il y avait bail à ferme ou métayage. « Quod
» privilegium, lit-on dans ce *Commentaire*, conceditur
» domino prædii, non solum pro solutione pensionis
» contra conductorem, sed etiam pro solutione hujus
» quod debet colonus partiarius, idest *métayer*, domino
» prædii, *sive ex instrumento societatis*, id est *bail de
» métairie*, seu ex causâ seminis (2). »

De ce texte, il résulte clairement que le privilége est
accordé au propriétaire, non pas en tant que le locateur,
mais en tant que maître du fonds, *domino prædii*, et qu'il

<hr>

(1) *Ibid* n° 331.
(2) Louis Semin. *Comment. de la Coutume du Berry*, tit. 9, art. 16.

est donné en vertu du contrat de société, *ex instrumento societatis*. Telle est, en substance, la thèse que soutient M. Méplain. On comprend l'intérêt qu'il y a à la faire prévaloir. Si, en effet, on l'accepte et si on admet en conséquence, que le privilége a son fondement dans le contrat de société, on devra admettre qu'un privilége semblable garantit la créance que le colon peut avoir vis-à-vis du propriétaire.

Et que de graves raisons militent pour qu'il en soit ainsi !

En matière de louage, la loi n'établit pas de privilége au profit du preneur contre le bailleur, parce qu'il n'est pas dans la nature des choses que le premier soit créancier du second. Mais en matière de colonat partiaire, le colon et le maître sont, au contraire, à tous égards dans des rapports absolus de réciprocité, qui exigent qu'on maintienne entre eux un juste équilibre. Quand le maître, créancier, a garantie et privilége jusque sur le prix des meubles personnels du colon, ne serait-il pas souverainement inique que celui-ci fut contraint de partager avec les créanciers du maître le prix des moissons qu'il a semées et recueillies? bien plus, qu'il se vit enlever par des privilégiés des produits qu'il était en droit de regarder comme le gage de sa créance, puisque c'est par lui qu'ils existent et par lui qu'ils sont entrés dans le patrimoine du propriétaire? Pour tout dire, enfin, il n'est pas un seul motif donné pour justifier le privilége du maître contre le colon, qui ne réclame plus impérieusement encore l'existence d'un privilége au profit de celui-ci à l'encontre de celui-là.

Cette théorie équitable et généreuse trouverait sans

doute peu de contradicteurs ; elle n'en a pas moins un vice capital , celui de n'être pas dans la loi ; et c'est pourquoi il faut, quoique à regret, la rejeter. Le colon n'aura donc, pour poursuivre le payement des créances qu'il peut avoir contre le maître, que les droits ordinaires qui compètent à tout créancier contre son débiteur.

PROPOSITIONS

I. — DROIT ROMAIN

I. — Le colonat partiaire n'est pas une forme particulière de la *locatio-conductio*.

II. — Les trois actions *familiæ erciscundæ, communi dividundo, finium regundorum* étaient d'abord qualifiées de mixtes, parce que les deux parties étaient à la fois demanderesses et défenderesses. Justinien leur conserva ce nom parce qu'elles paraissent avoir un caractère réel ; mais elles ne furent jamais que des actions personnelles.

III. — Le fermier pouvait enlever les constructions faites par lui sur le fonds à la fin du bail, tandis que l'usufruitier devait les y laisser.

IV. — L'accession n'est pas un mode d'acquisition de la propriété.

II. — DROIT CIVIL FRANÇAIS

I. — Le colonat partiaire est dissous par la mort du colon, mais non par celle du maître.

II. — Le droit du locataire sur le fonds loué est purement personnel.

III. — Le mariage contracté avec dispenses entre beau-frère et belle-sœur ne légitime pas l'enfant né de leurs relations antérieures.

IV. Le mari doit récompense à la communauté pour les réparations civiles et les dépens auxquels il a été condamné à la suite d'un crime ou d'un délit; il ne doit pas récompense pour les condamnations résultant d'un quasi-délit.

III. — DROIT ADMINISTRATIF

I. — Les dommages permanents causés à la propriété privée, par l'exécution de travaux publics, sont de la compétence des tribunaux administratifs.

II. — Quand le conflit n'a pas été élevé en première instance, il ne peut plus être élevé en appel que par le préfet du département dans lequel siège la cour impériale, même sur renvoi après cassation.

IV. — DROIT CRIMINEL

I. — L'individu traduit devant la cour d'assises pour un crime et acquitté, ne peut être ultérieurement poursuivi à raison du même fait considéré comme délit.

II. — L'étranger jugé dans son pays pour un crime ou un délit commis en France, ne peut être de nouveau poursuivi en France à raison du même crime ou délit.

Vu et autorisé :
Le Doyen de la Faculté de Droit d'Aix,
Chevalier de la Légion-d'Honneur,
L. CABANTOUS.

Vu et permis d'imprimer :
Le Recteur de l'Académie d'Aix,
Officier de la Légion d'Honneur,
J. VIEILLE.

TABLE DES MATIÈRES